Julius von Jasmund

Ruotgers Leben des Erzbischofs Bruno von Köln

Europäischer Geschichtsverlag

Julius von Jasmund

Ruotgers Leben des Erzbischofs Bruno von Köln

1. Auflage | ISBN: 978-3-73400-682-1

Erscheinungsort: Paderborn, Deutschland

Erscheinungsjahr: 2015

Europäischer Geschichtsverlag ist ein Imprint der Salzwasser Verlag GmbH, Paderborn.

Nachdruck des Originals von 1890.

Julius von Jasmund

Ruotgers Leben des Erzbischofs Bruno von Köln

e g v

Ruotgers
Leben des Erzbischofs Bruno von Köln.

(Geschichtschreiber. X. Jahrhundert. Dritter Band.)

Die Geschichtschreiber
der
deutschen Vorzeit.

Zweite Gesammtausgabe.

Zehntes Jahrhundert. Dritter Band.
Ruotgers Leben des Erzbischofs Bruno von Köln.

Zweite Auflage.

Leipzig,
Verlag der Dyk'schen Buchhandlung.

Ruotgers

Leben des Erzbischofs Bruno von Köln.

Nach der Ausgabe der Monumenta Germaniae

übersetzt von

Dr. Julius von Jasmund.

Zweite Auflage.

Neu bearbeitet von W. Wattenbach.

Leipzig,
Verlag der Dyk'schen Buchhandlung.

Einleitung.

Neben Widukind, Thietmar und Liudprand ist Ruotgers Leben des Erzbischofs Bruno von Köln immer als wichtige Quelle zur Geschichte Deutschlands unter Kaiser Otto dem ersten betrachtet worden. Brunos Stellung selbst war zu bedeutend, seine Persönlichkeit zu hervorragend, als daß nicht Notizen über sein Leben zur Aufhellung der allgemeinen Verhältnisse beitragen müßten; überdieß aber war Ruotger, der des Bischofs Leben schrieb, sein Zeitgenosse und aus eigener Anschauung mit dem Leben, Charakter und den Thaten seines Herrn bekannt geworden. Dem Nachfolger Brunos, Erzbischof Folkmar[1], befreundet, erhielt Ruotger von diesem den Auftrag, jene Lebensbeschreibung abzufassen, zu welchem ihn ebensosehr seine Verehrung für den Verstorbenen wie seine allgemeine Bildung, seine Kenntnisse und vor allem auch sein Studium der griechischen und römischen Literatur als geeignet empfohlen haben mochten. Und wir können keinen Zweifel hegen[2], daß die Arbeit, welche Ruotger zu Stande brachte, den an dieselbe gemachten Ansprüchen und dem Geschmack der Zeit vollkommen genügt habe, wie wir aus dem ausgesprochenen Lobe einiger Autoren, aus dem verhüllten, aber nicht minder bezeichnenden anderer, welche ihn wörtlich ausschrieben, deutlich ersehen. Wir

---

[1] Erzbischof Bruno starb den 11. Octb. 965; Folkmar regierte bis 18. Juli 967.
[2] Thietmar sagt, er brauche nicht ein Weiteres über Bruno mitzutheilen, da über ihn unseres Ruotgers Werk erschöpfend sei; Abt Folcuin folgte in seiner Geschichte der Lobienser Aebte wörtlich Ruotgern; ebenso benutzte ihn der Verfasser des Lebens der Königin Mathilde, und später Sigebert; Hermannus Contractus und andere kennen ihn.

haben oben schon die Punkte angedeutet, welche auch für unsere Zeiten, welche für die Geschichte überhaupt dem Werke seinen Werth verleihen; Sprache und Darstellung können uns nicht anziehen, denn jene ist gesucht, überladen und ohne eigenthümliches Gepräge, diese phrasenhaft, verworren und reich an unpassenden Vergleichen sowie anderen Zierrathen eines wenig reinen und durchgebildeten Geschmacks, so daß in dieser Hinsicht Bruno kaum den besseren Geschichtschreibern des Mittelalters an die Seite gesetzt werden dürfte; auch wollen wir nicht leugnen, daß, erwogen wie günstig das Schicksal Ruotgern den äußern Verhältnissen nach gestellt hatte, indem es ihm mehr als flüchtige Begegnung mit jenem großen Manne vergönnte, uns bei den langen, nichtssagenden Ergüssen des Lobes und der Bewunderung, bei der oberflächlichen Behandlung des Wichtigen und der genauen Ausführung der Nebendinge ein Gefühl des Unmuths darüber ergreift, zu sehen, wie wenig die Einsicht und das Talent des Schreibers dem Gegenstande gewachsen waren, welchen er sich zum Vorwurf erwählt hatte, und wie viel Spreu uns geboten ist, wo ein begabterer Geist so reiche Lese edelster Frucht hätte halten können. Bei alle dem ist das Werk stofflich von der größten Bedeutung. Gleichzeitige Nachrichten sind immer die wichtigsten und unschätzbar, wenn sie den Stempel der Wahrheit so deutlich wie die unsrigen an sich tragen und in der Vergleichung mit andern Quellen sich als völlig zuverlässig und sicher bewähren; den mit der Wahrheit durch seine Stellung vertraut gewordenen Geschichtschreiber leiteten Liebe und Verehrung bei der Abfassung seines Werks, die gern in der Verherrlichung der Verdienste jenes Mannes, der ja in der That so groß und einzig dastand, sich ergingen; aber Uebertreibung und Fälschung der Wahrheit blieben vermieden, da Schmeichelei dem Verstorbenen gegenüber fernab lag und ein rechtes Maß des Lobes über dem kaum geschlossenen Grabe des Erzbischofs durch das allgemeine Urtheil der kundigen Zeitgenossen von selbst gegeben und geboten war. Wenn wir aber in anderen Quellen ganz so wie bei Ruotger viele wichtige Nachrichten über Bruno finden, so danken wir es dem lebendigen Interesse, welches Ruotger für seinen Herrn hegte, dem bewundernden Andenken, welches er dem Verstorbenen zollte, daß sie, wenn dort in der Masse des geschichtlichen Stoffs sich verlierend, hier in Ruotgers Werke, allein dazu bestimmt, des Erzbischofs Leben darzustellen, durch ihre Verbindung zu einem Ganzen den wahren Werth erhalten, indem uns aus ihnen über Brunos Stellung und Persönlichkeit ein volles und klares Verständniß entgegenstrahlt. Immer ist es Gewinn, die großen Gestalten der Vorzeit sich in bestimmten Umrissen vergegenwärtigen zu können; in unserm Fall ist damit zugleich die Möglichkeit gewährt, eine richtige Auffassung und umfassende Kenntniß der deutschen Geschichte unter Kaiser Otto dem ersten sich anzueignen und die Bedeutung der Regierung jenes Kaisers gerecht und allseitig zu würdigen. Es würde ohne Ruotgers Werk trotz der im Eingange aufgeführten Quellen die Lücke, welche es ausfüllt, schmerzlich empfunden werden. Denn so viele ihrer über die Thaten und das Leben Ottos geschrieben haben, bei allen beherrscht — und das wird nicht Wunder nehmen — die Größe des Kaisers vollständig und ausschließlich den gesammten Stoff der sich in ungemessenem Reichthum drängenden Ereignisse; des Kaisers Weisheit, Kraft, Gerechtigkeit und Tapferkeit geben allen Dingen Fortgang und Gedeihen, alles was erzählt wird, läuft mittelbar oder unmittelbar darauf hinaus, des Kaisers Ruhm zu verkünden, überall glänzt Otto, der Bewahrer und immer Mehrer des Reichs. Die Idee des allmächtigen allgemeinen Kaiserthums hatte wie zu keiner anderen Zeit die Gemüther sich unterworfen; Leben und Litteratur sind von ihr gleichmäßig durch=

drungen, indem wie immer so auch hier die Völker an der in der vollen Lebensfülle göttlicher Kraft einherschreitenden Persönlichkeit sich zur begeisterten Verehrung der Ideen erhoben. Diese Verherrlichung Ottos, welche als das letzte Ziel aller Geschichtschreibung jener Zeit gelten kann, schließt nun nicht aus, daß der Thaten und Verdienste anderer Männer mit gebührendem Lobe Erwähnung geschähe; vielmehr finden wir bei den verschiedenen Schriftstellern, je nachdem sie durch heimatliche und nationale Vorliebe oder ihre persönliche Stellung geleitet diesen oder jenen Abschnitt der Geschichte Ottos besonders genau und ins Einzelne gehend behandelten, auf dem Schauplatz der Kämpfe bald wider Slaven bald wider Ungarn oder Italiener, die hervorragenden Figuren, die Führer und Vorkämpfer der deutschen Völker, mit Liebe geschildert und ihre Thaten durch sorgsame Aufzeichnung geehrt. Aber es ist überall dies eine Verhältniß zu beobachten: so bedeutend auch die Persönlichkeiten sein mögen, sie erscheinen nur als die geschickten Ausführer der Gedanken und Pläne Ottos, die geeigneten Werkzeuge, welche in seiner Hand, durch seine Leitung und nach seinem Willen Erfolge erzielen. Alle vom Kaiser mit weltlicher Macht bekleidet, gleichen sie den Gliedern, welche nach verschiedenen Seiten und in verschiedenem Sinn wirkend den Impuls der Handlung gleichmäßig von dem bewegenden Seelenvermögen empfangen, das hier in der höchsten Spitze weltlicher Macht, dem Kaiserthum, sich darstellt. Dies hält zusammen, ruft Anstrengung und rege Thätigkeit hervor und ist der Quell der immer frischen Lebensströmungen, welche, hinüber und herüberwogend, von einem zum andern enteilend und wiederkehrend das Einzelne in naturgemäßer Kraft und die Gesammtheit des Organismus in harmonischem Zusammenwirken erhalten. Nun ist aber die Idee des Kaiserthums nur eine jener Gewalten, welche die Geschichte des Mittelalters beherrschen; wenn es Otto gelang, seinem Reiche Festigkeit, Kraft und Ansehen zu geben, wie dasselbe seit den Tagen des großen Karl nicht besessen hatte, wenn er seiner Macht eine Einheit und Ausdehnung zu verleihen wußte, wie sie keiner der späteren Kaiser in gleicher Weise erlangt hat, so war dies nur dadurch möglich, daß das Schwert der geistlichen Gewalt sein volles Gewicht in die Schale der weltlichen Herrschaft warf. Der Schwerpunkt der Kirche lag aber damals in Deutschland, wenn auch in Italien das sichtbare Oberhaupt derselben seinen beständigen Sitz hatte. Daß nun hier in Deutschland ein Mann an die Spitze des kirchlichen Gemeinwesens trat, ausgerüstet mit hoher Kraft des Geistes, durchdrungen von der erhabenen Aufgabe des priesterlichen Berufs, ganz kirchlich gesinnt, einfach und streng in Sitten, gelehrt und rastlos thätig, vor allem selbständig in Character und Ideen, und daß eine solche Persönlichkeit Otto sich ganz anschloß, ihm mit Rath und That bei der Ausführung seines großen Werkes aufs Treuste zur Seite stand, war von der entscheidendsten Bedeutung.

Dieser Mann war Bruno. Man kann sagen, daß es die Gabe höherer Naturen ist, in den Verhältnissen, welche ihnen als Lebens- und Wirkungskreis bestimmt sind, deutlich die Momente zu erkennen, welche als Grundbedingungen einer gedeihlichen und eingreifenden Thätigkeit beobachtet und gepflegt werden müssen; und nicht nur dieß; es gilt ferner die Schranken zu finden, welche die Lebensaufgabe eignem Willen und Neigungen setzt und zugleich in dem Wechsel der Ereignisse, über der Anfechtung innerer und äußerer Feinde und in der Versuchung scheinbaren Erfolgs, trügerischen und zeitlichen Ruhms den lichten Punkt festzuhalten, der allein zu wahrer Größe führen kann, nämlich jene Uebereinstimmung und Verschmelzung der vollen, klaren Erkenntniß mit der Kraft und Stetigkeit des Willens.

Bruno besaß diese Weihe wahrer Größe in reichem Maße. Inmitten des Gepränges irdischer Macht, in Reichthum, Glanz und Fülle war er auferzogen; sein Gemüth war tief, aber heftig und von starken Leidenschaften durchstürmt, sein Wille energisch und ausdauernd; ein unabläsfiges Streben, ein heißer Thatendrang spornte den Geist zu einer regen Thätigkeit, dazu kam ein klarer und scharfer Verstand, der die Dinge in ihrem wahren und rechten Lichte zu erkennen und für alle Verhältnisse Mittel und Wege zu finden wußte. Einer solchen Natur konnte der Ehrgeiz nicht fehlen: ein ächter Sohn des Vaters, erglühte seine Seele in der alles beherrschenden Sehnsucht, Großes zu schaffen und groß zu werden, um, wie Ruotger von Ludolf sagt, den Weg zum Olymp zu erklimmen.

Bei solchen Eigenschaften und solchem Charakter schien er nicht auserlesen, unter dem Bruder als Feldherr zu glänzen oder in nebenbuhlerischer Eifersucht als Führer der Gegner dem Kaiser einen Kampf auf Leben und Tod zu bereiten? Es wäre eitle Mühe, zu fragen, wie er solcher Aufgabe genügt, wie dann die Entwicklung der Begebenheiten, was ihr wahrscheinlicher Erfolg hätte sein können; genug er war ein Mann, fähig und begierig zu herrschen und mit gewaltiger Hand in den Lauf der Weltereignisse einzugreifen. Das Geschick in wundersamer Fügung bestimmte ihn zum Dienst der Kirche: und nun warf er sich, kaum zum Bewußtsein seiner selbst gelangt, alsbald mit der ganzen Energie seines Wesens in die ihm vorgezeichnete Bahn. Alles weltliche wies er von sich, er erniedrigte sich ganz vor Gott und Menschen, nur auf die Kirche richtete er seinen Sinn, ihres Dienstes würdig zu werden war der Zweck und das Ziel seines Lebens. Indem Bruno so ganz die Pflichten seines heiligen Standes erfüllte und, ein Muster reiner Sitten und edler Bildung, allen in dem Gehorsam des göttlichen Gebots, das da fordert, das Fleisch zu tödten und sich selbst zu überwinden, voranging, ward er bald, zugleich durch seine äußere Würde als Erzbischof von Köln getragen, in Wahrheit der gesammten deutschen Kirche Haupt und Hort. Aber diese Höhe ließ Bruno nicht schwindeln: unabhängig wie er dastand, wollte er seine Unabhängigkeit nicht zum Widerstand, in Besitz der geistlichen Macht wollte er diese nicht zur Schwächung und Vernichtung weltlicher Herrschaft benutzen. Ihn hatte vielmehr ganz der Gedanke erfüllt, geistliche und weltliche Gewalt in dem Streben vereint zu sehen, des deutschen Reiches Herrlichkeit weit über seine alten Grenzen auszudehnen. Die Vaterlandsliebe und der kirchliche Sinn waren bei ihm innig verwachsen; in dem Kaiserthum deutscher Nation sah er des Volkes Ruhm und Stolz, aber nicht minder der Kirche Schild und Schwert. Und während Bruno, wie wir schon sagten, mit unablässigem Eifer bestrebt war, dem Dienste des Herrn sich zu ergeben und die Kirche durch Beispiel und strenge Zucht zum wahren Tempel Gottes und zur Wohnstätte der Tugend zu machen, so ganz Priester und Diener der Kirche, übte er andrerseits seine volle Macht, welche die kirchliche Stellung verlieh; um überall, wohin sein Arm reichen konnte, deutschen Einfluß zu gründen und die Grenzen der Kaisergewalt zu erweitern. Wenn daher Otto ein Reich schaffen konnte, groß und gewaltig, wie es des deutschen Namens würdig war, und seine kaiserliche Majestät so hoch aufrichtete, daß Frankreich und Italien, die Länder des Nordens und Ostens, sich unterthänig vor ihm beugten, so war es vor allen Bruno, der ihm solches Werk bereiten half. Gerecht aber ist es, daß, da Bruno wollte, "sein Ruhm solle des Bruders Ruhm sein", die Geschichte zur Vergeltung mit des Bruders Ruhm auch den seinigen unzertrennlich in lebendigem Andenken erhält.

J. v. Jasmund.

Einleitung.

Diese Uebersetzung aus dem J. 1851 war fließend und lesbar, aber nicht frei von Mißverständnissen und Flüchtigkeitsfehlern; auch war offenbar die Correctur sehr nachlässig besorgt. Seitdem nun hat B. Simson[1] Varianten aus einer Handschrift des 12. Jahrh. mitgetheilt, nebst den dort von späteren Händen angemerkten Stellen aus der Vulgata und profanen Autoren, die großentheils früher unbemerkt geblieben waren. E. Dümmler[2] gab kritische Bemerkungen, M. Manitius[3] zahlreiche Stellen alter Autoren, an welche Ruotgers Text anklingt.

Für die sachliche Erläuterung genügt es jetzt, außer den speciell der Geschichte Brunos gewidmeten Schriften auf die Geschichte der Kaiserzeit von Giesebrecht und vorzüglich auf Dümmlers Jahrbücher des deutschen Reichs unter Otto I. zu verweisen.

Die früher sehr spärlichen Anmerkungen habe ich, wo es nöthig schien, erweitert und vermehrt.

---

[1] Archiv für die Gesch. des Niederrheins VII, 167—172.
[2] Forschungen zur deutschen Gesch. XII, 445. — [3] Neues Archiv XII, 369.

Berlin im Oktober 1890. **W. Wattenbach.**

Ruotgers
Leben des Erzbischofs Bruno von Köln.

Hier beginnt die Vorrede zum Leben des Herrn Bruno, Erzbischofs von Köln.

Dem in der Gnade Christi seligen und in allem Glanze der Weisheit strahlenden Erzbischof Folkmar, seinem Herrn, wünscht der niedrigste seiner Diener, Ruotger, den dauernden Preis wahren Ruhms. Ihr legtet, ehrwürdiger und heiliger Herr, auf meine Schultern die schwere, aber mir trotzdem, so weit meine geringe Einsicht es zuläßt, sehr süße und liebliche Last, daß ich das Leben des bewunderungswürdigen und hochherzigen Erzbischofs Bruno, so gut ich vermöchte, schreiben sollte. Und wenn diesem seine Tugenden einen Ruhm erworben haben, wie meine schwache Feder ihn nicht nach Gebühr hat darstellen können, so war es mir doch hoher Genuß, da Ihr es mir befahlt, von ihm, so gut ich es vermochte, reden zu dürfen. Zeigte er sich doch von Anbeginn an solchen Geistes, daß es ihm nicht schien, als sei er geboren für sich zu leben, sondern vielmehr zum Segen und Heil der Menschen und des Reiches geschaffen. Wie viele, ja unzählige Thaten kennen wir von ihm, würdig, immer in der Erinnerung bewahrt zu werden! aber kein Leser möge erwarten, daß ich oder ein anderer diese Masse von Stoff zu bewältigen im Stande sein könnte; denn wenn jemand wirklich verspräche, dies treu und der Wahrheit gemäß thun zu wollen, so müßte dieser über jedes einzelne Jahr seines Lebens, nach dem Knabenalter, große Werke schreiben. Und ich meine, daß weit und breit viele beschäftigt sein werden, das Andenken seines Wirkens den künftigen Geschlechtern theils durch mündliche, theils durch schriftliche Ueberlieferung zu erhalten. Denn nicht auf eine Provinz oder ein Reich beschränkte er seine Wirksamkeit; überall, wohin er kam, waren seine Mildthätigkeit, sein Fleiß und sein Eifer auf das Wohlergehen der Menschen gerichtet. Und es giebt noch manche, die hiervon lauteres und beredtes Zeugniß ablegen können, da wenn andere hierzu nicht die Fähigkeit besitzen, allein schon in seinen Schülern jede Art der Wissenschaften und der Beredtsamkeit an vielen Orten in der lebendigen Erinnerung an ihn zu solcher Blüthe gelangt ist, daß diese Männer die größten und berühmtesten Thaten nicht nur zu erzählen, sondern auch auszuschmücken verstehen würden. Wie viele Schüler jenes großen Mannes kennen wir, welche Bischöfe sind, wie viele ausgezeichnet durch die musterhafte Erfüllung aller Pflichten ihres geistlichen Berufs, die ihm alle vertrauter waren und durch erhabene Denkmale der Geschichtschreibung weit vollkommener das Leben ihres Meisters verherrlichen könnten! Doch wer bin ich, mein hoher Herr, daß ich es hätte wagen dürfen, Euerem Wunsche nicht nachzukommen. Ich habe also gethan soviel ich vermocht habe, ohne Vertrauen und Zuversicht auf meine Einsicht, aber unverzagt im Gefühl des Gehorsams. Und wenn es mir daher wohl unmöglich erschienen ist, das angestrebte Ziel zu erreichen, so habe ich wenigstens gesucht Eure Befehle in ihrer ganzen Wichtigkeit so zu ehren und zu erfassen, daß ich, meine unzureichende Kraft vergessend, ganz in Euch mit Geist und Auge mich versenkte. Euere so reiche Gnade flehe ich daher an, daß das, was diesem Werke an Glanz und Schmuck der Rede abgeht, bei Euch durch den Gedanken ersetzt werden mag, daß es das Leben eines Mannes ist, welchen Ihr um seiner Tugenden willen so unaussprechlich geliebt habt. Der allmächtige Gott aber wolle Euch zu unserem Heil lange unversehrt und in Wohlergehen erhalten.

Das Leben des Erzbischofs Bruno beginnt.

1. Weise ohne Zweifel ist es zu wissen woher die Gabe kommt, welche uns verliehen ist, damit niemand meine, sie komme von ihm selbst, oder sei von Gott nach Recht und Verdienst ausgetheilt. Denn wenn wir fragen, was uns von Rechtswegen zukommt, so müssen wir antworten: nichts als Strafe; Gottes Barmherzigkeit übte aber im Voraus Gnade, damit er den Menschen Gnade für Gnade verleihen könnte, und dies nun ein Verdienst wäre, weil Gott es so will, nicht weil der Mensch es verdient; denn was hast du, sagt der Apostel, das du nicht empfangen hättest? wenn du es aber empfangen hast, was rühmest du dich als hättest du es nicht erhalten[1]? Durch unergründliche Vorherbestimmung der göttlichen Güte ist daher den Auserwählten Gottes verliehen, daß sie mit köstlichen und reichen Gaben der Gnade beschenkt werden und dennoch eben das, was ihnen ertheilt wird, gewissermaßen durch Gnade sich wiederum verdienen; bei dem einen so, bei dem andern anders, ist es doch überall der nämliche Geist, welcher in allen wirkt, den einzelnen zutheilend nach seinem Ermessen[2]. Nur seinem eingeborenen Sohne verleiht Gott den Geist nicht nach dem Maße, denn in ihm wohnt vielmehr, wie der Apostel sagt, die ganze Fülle der Gottheit leibhaftig[3]; seinen Gliedern theilt er nach seinem Ermessen mit; alles

---

[1] 1 Korinther 4, 7. — [2] 1 Korinther 12, 11. — [3] Kolosser 2, 9.

giebt er ihnen zum Genießen, das ist sich selbst, auf daß Gott sei Alles in Allem[1]. Diese verschiedene Größe und verschiedene Vertheilung der Gaben ist jetzt eine wunderbare Frage; einst wird sie der herrlichste Schmuck und die Zierde des Hauses Gottes sein, von dem gesagt ist: Es ist Dein heiliger Tempel, wunderbar in seinem Ebenmaß[2].

2. Erst kürzlich haben viele an dem ehrwürdigen Erzbischof der Kölner Kirche, Bruno, seligen Andenkens, gesehen und die Weisen erkannt, was den Menschen vor seinen Brüdern auszeichnet und berühmt macht. Seine Reden und Thaten konnten diejenigen, welche seine Freundschaft und seinen Umgang genossen, nicht genug bewundern. Denn in ihm waren sehr verschiedene Eigenschaften vereint: edle Geburt, hohe Würde, von irdischer Weisheit, welche meist hochmüthig zu machen pflegt, eine solche Höhe, daß man glauben könnte, es gehe nichts darüber, und zugleich eine Demuth des Herzens und der ganzen Erscheinung, so weit die Einsichtigeren es beurtheilen konnten, daß es nichts niedrigeres als ihn zu geben schien. Denn alles war durch Liebe verbunden[3]. Alles was zu verschwenderischem und üppigem Leben gehörte, stand ihm zu Gebote, aber mit scharfer, unablässiger Wachsamkeit wußte er alles das von sich fern zu halten. Anders erschien er den Augen der Menschen, anders dem Prüfer der Herzen. Wir glauben aber, es werde vielen zur heilsamen Erbauung gereichen können, wenn wir bei der Darstellung seines Lebens in kurzem Ueberblick mit seinen Kinderjahren beginnen, denn in ihnen werden die Niedrigen und Armen Trost und Linderung, die Hohen und Reichen ernste Mahnung und Warnung finden. Seine Ahnen gehörten seit Menschengedenken zu den Edelsten

---

[1] 1 Korinther 15, 28.
[2] Psalm 64, 5. 6. der Vulgata; die Lutherische Übersetzung ist abweichend.
[3] Nach dem Hohenlied 3, 10 in dem Text der Vulgata.

des Volkes[1]; nicht leicht findet man einen in dem Geschlecht, der unberühmt, der entartet gewesen wäre; alle aber, die hochberühmten Kaiser und Könige ausgenommen, übertraf dieser in Anmuth der Gesichtszüge, in Ruhm der Wissenschaften und Künste und jeder Art geistiger Auszeichnung. Er wurde geboren zur Zeit als sein Vater, der ruhmreiche König Heinrich, nachdem die wilden Barbaren gebändigt und auch die Gefahr innern Krieges beseitigt war, mit großem Eifer das Werk der Wiederherstellung des Reiches aus seinen Trümmern begann und das ihm ergebene Volk mit dem Zügel der Gerechtigkeit endlich in sicherem und erfreulichem Frieden regierte[2]. So war die Zeit seiner Geburt schon gewissermaßen ein Anzeichen seines auf das Gute gerichteten Willens. Denn wie er alles, was gut war, immer mit größtem Eifer erstrebte, so wünschte er vor allem den Frieden gleichsam als die Grundlage und Stütze der Tugend, den Frieden, von welchem er wußte, daß er allem Guten zur Förderung und zum Gedeihen gereichen werde. Denn die Zeit der Ruhe ist nöthig, um den Menschen in der Tugend zu üben und zu befestigen, damit er, wenn Unruhen und Kämpfe hereinbrechen, in der Versuchung sich stark und beständig erweise.

3. Es würde zu weit führen, wollte ich darlegen, wie der genannte König Heinrich, der Vater des großen Mannes, von dem wir handeln, zum so erwünschten Genuß des Friedens gelangte, während er beim Antritt seiner Regierung das ganze Reich durch die fortwährenden Einfälle der Nachbarvölker und

---

[1] Ruotger sagt nicht zu viel, da Bruno dem Ludolfinischen Geschlecht angehörte, welches einerseits mit Karl dem Großen verwandt anderseits seine Ursprünge bis zu jenen großen Sachsenherzogen Widukind und Bruno verfolgt.

[2] Das was Ruotger von der Zeit der Geburt Brunos sagt, paßt im Allgemeinen auf die damalige Regierungsperiode Heinrichs eher als speciell auf das Jahr 928, in welchem Bruno geboren wurde. J. Dieses Jahr haben die Kölner Annalen, aber nach Kap. 42 muß Bruno schon 925 geboren sein, und um so weniger zutreffend ist diese Angabe. W.

die heftigsten Zwistigkeiten, auch zwischen Mitbürgern und Verwandten, zerrissen und in schrecklicher Weise heimgesucht fand: von der einen Seite drohte das wilde Dänenvolk, zu Wasser und zu Lande mächtig, von der andern die vielgetheilten Horden barbarischer Sclaven; die grausamen Ungarn verwüsteten, jenen nachfolgend, nachdem sie Mährens Grenzen überschritten hatten, welches sie nicht lange vorher mit gottloser Wuth sich angeeignet hatten, mit Feuer und Schwert weit und breit die Provinzen des Reichs. Der Tag würde nicht hinreichen, um all das Elend zu berichten. Jenseits des Rheins, im Westen des Reichs, war offener Aufruhr, die Fürsten des damals noch engen Reichs wütheten selbst in fast unheilbarer Weise gegen ihr eigenes Fleisch; und all diese Noth zu heben, diese Wunden zu heilen, bedurfte es eines Mannes ausgerüstet mit vorzüglicher Kraft und rastlosem Eifer. Nach einiger Zeit aber hatte sich solcher Schrecken durch Gottes Gnade der auswärtigen Völker bemächtigt, daß nichts für sie furchtbarer war, als König Heinrich; und solche Liebe vereinigte die Bewohner des Reichs, daß wohl in keinem mächtigen Reiche jemals größere Eintracht gefunden werden konnte.

4. Um diese Zeit wurde der edle königliche Sprößling im Alter von ungefähr vier Jahren zum ersten Unterricht dem ehrwürdigen Bischof Baldricus von Utrecht, welcher noch jetzt[1] am Leben ist, übergeben. Während er hier bei guten Anlagen in trefflichster Zucht die erfreulichsten Fortschritte machte, legte sich, wie durch eine solche Geisel gebannt, die verhaßte Raubsucht der Nordmannen etwas, und die Kirchen und übrigen Gebäude, von denen kaum noch traurige Ueberreste zu sehen waren, konnten wieder aufgebaut werden. So verging keine Epoche seines Lebens ohne Segen und Nutzen für die heilige

---

[1] Das ist entweder 966 oder 967, wo Ruotger sein Werk schrieb. Baldricus starb erst 976.

Kirche. Denn wenn auch ohne sein Wissen und Zuthun, war doch durch ihn und um seinetwillen das christliche Volk von den Feinden befreit worden und brachte jetzt Gott dafür seine Lobgesänge dar. Darauf, als er die ersten Anfänge der Grammatik erlernt hatte, begann er, wie wir von ihm selbst gehört haben, indem er öfters zum Lobe Gottes davon zu erzählen pflegte, den Dichter Prudentius unter Anleitung seines Lehrers zu lesen. Dieser Dichter, in Glauben und Streben katholisch, ausgezeichnet durch Wahrheit und Kraft der Sprache, gefällig in der Form und reich an Inhalt, erfüllte das Herz des Knaben alsbald mit solchem Vergnügen, daß er nicht nur die Kenntniß der Worte sich zu eigen machte, sondern den tiefsten Sinn, wenn ich so sagen darf, den reinsten Nectar des Geistes, mit unbeschreiblichem Verlangen in sich aufnahm. Später gab es nicht leicht ein von Römern oder Griechen behandeltes wissenschaftliches Gebiet, welcher Art es auch war, das der Lebhaftigkeit seines Geistes entgangen wäre. Und weder die Größe seiner Reichthümer noch das laute und unruhige Treiben des öffentlichen Lebens oder sonst welche Hindernisse vermochten ihn jemals von dieser edlen Beschäftigung abzuziehen. So war sein eifriges Nachdenken und seine fortwährende Beschäftigung mit den Wissenschaften ein Zeugniß für die Lauterkeit seiner Seele; und ihm war wirklich geistige Thätigkeit und ernstes Studium zur andern Gewohnheit geworden, wie denn geschrieben steht: „Auch kennet man einen Knaben an seiner Beschäftigung, ob er fromm und redlich werden will[1]". Dazu kam, daß wie er seinen Eifer nicht durch die Trägheit und den Leichtsinn anderer schwächen oder durch überflüssige und eitle Unterhaltung zum schlechten wenden ließ, er auch nicht leiden konnte, daß die Bücher, in welchen er studirte oder die er sonst vor Augen hatte, unvorsichtiger Weise geknickt

---

[1] Sprüche Salomonis 20, 11.

ober burch Falten verunstaltet ober auf irgend eine Weise leichtfertig behandelt wurden; denn nichts, was ihn anging, glaubte er vernachlässigen zu dürfen, weil, wie Salomon sagt: „Wer das Kleine vernachläßigt, nach und nach herunter kommt[1]".

5. Als nun sein Vater, nachdem er das Reich festbegründet und vollen Frieden gestiftet hatte, gestorben war[2], überkam Otto, sein ältester Sohn, gestärkt mit dem Segen des Herrn und gesalbt mit dem Oel der Freude, nach dem Willen und mit Zustimmung der Fürsten die Regierung im hundertachtundachtzigsten Lustrum und dem dreiundsechzigsten Kreislauf der Indictionen[3] seit der Geburt unseres Herrn Jesus Christus; er war aber ein Mann, welchem der Geist Gottes die herrliche Gabe der Wahrheit und des Glaubens verliehen hatte. Es wäre eine zu große Aufgabe, welcher ich unterliegen würde, die großen Eigenschaften dieses Kaisers zu beschreiben. Denn sein Ruhm und sein Lob sind größer, als daß selbst Ciceros Beredsamkeit hinreichen würde, sie würdig zu feiern. Dieser berief seinen Bruder Bruno, der sich Gott gewidmet hatte, jetzt noch im Jugendalter stehend, zu ehrenvoller Stellung, wie es sich geziemte, aus der Einsamkeit der Schule nach dem Palast, einem geeigneten Ort für einen so glänzenden Spiegel, wo alles was fast in der ganzen Welt verachtet war, im Licht der Studien heller erschien. Denn hierher strömte von verschiedensten Seiten alles zusammen, was sich nur irgend etwas dünkte, hier auch fanden alle, die von Verläumdung und Haß verfolgt wurden, ihre einzige Zufluchtstätte. Hier strahlte dies Muster von Weisheit, Frömmigkeit und Gerechtigkeit, wie man es seit Menschengedenken nicht gesehen hatte. Von hier zurückgekehrt fingen die, welche früher zu Haus sich übergelehrt erschienen waren, von Scham ergriffen wieder an die ersten

---

[1] Jesus Sirach 19, 1. — [2] Am 2. Juli des Jahres 936.
[3] Diese Bestimmungen umfassen die Jahre 935—940 und 930—945.

Anfangsgründe zu treiben, gleich als ob sie sagen wollten, nun
erst haben wir in Wahrheit begonnen. Wem in der Brust
das Herz nicht wacker schlug[1], der hielt sich von diesem hohen
Richterstuhle in Scheu und Ehrfurcht fern. Jenes sein Gefäß
erfüllte der Herr mit dem Geiste der Weisheit und des Verstandes. Und nicht etwa begnügte er sich, in der Schatzkammer
seines Herzens bloß das zu sammeln, was sich leicht erwerben
ließ; nein aus weiter Ferne schaffte er Räthselhaftes und
Wunderbares herbei und alles Philosophische und irdischem
Wesen abgewandte und Fremde mußte hier seine Stelle finden.
Die lange vergessenen sieben freien Künste brachte er wieder
ans Licht. Was Geschichtschreiber, Redner, Dichter und Phi-
losophen Neues und Großes verkünden, untersuchte er mit
Lehrern der betreffenden Sprache aufs Genauste; und wo sich
jemand durch schnellen, gewandten und umfassenden Geist als
Meister bewährte, da wurde er in Demuth sein Schüler.

6. Oft saß er unter den gelehrtesten Griechen und Latei-
nern, wenn sie über die Erhabenheit der Philosophie und die
Feinheit der einzelnen Disciplinen, welche sie umfaßt, Unterhaltung pflogen, als gelehrter Vermittler und gab den Strei-
tenden befriedigenden Aufschluß unter dem Beifall aller Anwesenden, den er nichts weniger als wünschte. Denn er ver-
besserte nicht das unrichtig weisende Zünglein jener Wage und
suchte nichts besonderes für sich[2]. Ruhm war ihm das Zeugniß seines Gewissens. Dies sah oft der Richter, welcher in
diesen Dingen nicht irrt, der größte König der Erde, und
während er sein äußeres Reich durch Kraft und Weisheit be-
festigte, bekleidete er das innere mit solcher Pracht und solchem
Glanze. Und auch Gott selbst wird es gesehen haben, er, der
in seiner Barmherzigkeit über jeder Gabe, die er verliehen
hat, wacht. Denn wie sollte von so erhabener Stellung Hoch-

---

[1]) Nach Juvenal 7, 159. — [2]) Nach Persius I, 6.

muth fernbleiben, wenn nicht der Fromme selbst Gottes Schutz genösse.

7. Bischof Israel aus Scotien[1], von welchem Lehrer der bewunderungswürdige Mann, über welchen wir schreiben, selbst bezeugt, daß er am meisten von ihm gelernt habe, erklärte, als er über den Charakter Brunos von einigen befragt wurde, welche wir diese Sache selbst haben erzählen und sie wie ein Orakel verehren hören, daß es ein wahrhaft heiliger Mann wäre. Ein lobenswerthes und einsichtiges Zeugniß des Lehrers über den Schüler. Die Griechen, deren er auch als Lehrer sich bediente, staunten über seine Begabung, und berichteten von ihm seines Geistes würdige Probleme ihren Mitbürgern, deren Sinn einst, wie wir lesen,[2] auf nichts anderes gerichtet war, als immer etwas Neues zu hören oder auszufinden.

8. Wie oft des Tages erging an ihn die nie zurückgewiesene Aufforderung, sich der Bedrängten anzunehmen, die Betrübten zu trösten, die Armen zu unterstützen; und in allen Stücken handelte er so, daß er wie ein Zufluchtsort für alle Bedrängten erschien. So kam es, daß, wenn er Muße hatte, niemand mehr in Geschäften war als er, aber wenn er in Geschäften war, entbehrte er trotzdem nie ganz der Muße. Er lag den Studien bis tief in die Nacht hinein ob und war sehr scharfsinnig im Verfassen ehrbarer Schriftstücke. Den lateinischen Stil wußte er nicht nur selbst in großer Vollkommenheit sich anzueignen, sondern auch bei anderen zu Rundung und Glanz zu bringen. Seine Unterweisungen aber gab er nie in grämlicher und mürrischer Weise, sondern in heiterem Scherz und mit anmuthiger Würde. Nach der Mahlzeit, während die Anderen, auch Hochstehende, wie wir erfahren haben, ein wenig der Ruhe pflegen, beschäftigte er sich eifrig

---

[1] D. h. aus Irland. Er lebte als Mönch in St. Maximin und besuchte 947 die Synode zu Verdun. Dümmler, Otto I, S. 157. — [2] Apostelgeschichte 17, 21.

mit Lesen und Philosophiren. Die Morgenstunden ließ er sich
durch nichts rauben noch opferte er sie je dem Schlafe. Possen
und Mimenspiele, über die, wenn in Komödien oder Tragödien
von verschiedenen Personen vorgebracht, alles sich vor Lachen
schüttelt, durchlas er immer ernst und ruhig: ihren Inhalt
hielt er für werthlos, schätzte aber an ihnen die kunstvolle und
gewandte Sprache hoch. Sein Studierzimmer war, wenn ich
so sagen darf, zur Wanderung eingerichtet, denn wenn auch
sein Geist stets in Ruhe und ungestörtem Frieden war, so war
doch sein Körper öfter zur Bewegung genöthigt. Ueberall
nämlich, im Lager und Zelte, führte er seine Bibliothek mit
sich, wie die Bundeslade, so mit der Quelle und den Mitteln
seiner Studien immer versehen, der Quelle in den heiligen,
den Mitteln in den heidnischen Schriften: dem Hausvater aber
war er zu vergleichen, der aus seinem Schatz Altes und Neues
hervorträgt[1]. Selbst auf der Reise war er nicht unthätig; im
Gewirre der Geschäfte und der Menschen war er fast allein,
was nur wenigen gelingt. Denn er unterhielt sich mit irgend
jemand über einen sehr nützlichen Gegenstand oder überließ
sich dem Nachdenken über irgend eine Frage.

9. Beim Gottesdienst war er ernst und eifrig, sein Gebet
war kurz aber rein. Die, mit welchen er zusammen lebte, be=
friedigte er manchmal durch Mienen und Gebärden, während
sein Geist anders beschäftigt war. Auf keine andere Weise
hätte er so wahrhaft volksthümlich werden und so viele zum
Guten bewegen können. Was irgend ein Priester des Herrn
oder sonst ausgezeichneter Mann zu jener Zeit Großes im
Dienste Gottes vorhatte, das empfahl man ihm als dem einzi=
gen der es vermöchte, zur Förderung und zur Unterstützung;
und niemand hielt sein eigenes Ansehen und die eigne Kraft
für hinreichend, wenn er nicht wußte, daß ihm dieser als Er=

---

[1] Matthäus 13, 52.

satzmann¹ im Kampfe für die göttliche Wahrheit zur Seite stände. Der Diener Gottes aber hatte Gedeihen bei allem Werk, das er begann; die Rede des Volkes achtete er für nichts; nicht allein aber das, was gerade gegenwärtig sich zutrug, sondern vieles andere erkannte er in die Zukunft hinaus. So soll er, als er seinen Bruder, der des Vaters Namen trug, und den Kuono², der in die königliche Verwandtschaft aufgenommen war, geheime und vertraute Unterredung, und zwar besonders zur Zeit der Messe pflegen sah, in ahnendem Geist gesagt haben: „Ach! in welch bittere Feindschaft wird sich diese in solch ernster Zeit schlecht geschlossene Freundschaft auflösen." Und die Ereignisse gaben bald darauf seinen Worten volle Bestätigung.

10. Als erste geistliche Function wurde ihm noch als Jüngling³ die Leitung in einigen Klöstern übertragen, deren Bewohner er mit dem nöthigen Zeugniß der Kirche theils von freien Stücken, theils durch Gewalt, zum Leben nach der Ordensregel zu bringen wußte. Den Gott geweihten Orten gab er bald darauf mit uneigennütziger Zustimmung des Königs ihre alten Freiheiten und Vorrechte wieder, ohne für sich und die Seinigen aus der Belehnung einen Anspruch sich vorzubehalten, außer demjenigen, was die Väter der Klöster als Liebesgabe ihm freiwillig darboten. So steht Loresham⁴ da, ausgezeichnet durch königliche Gunst, welches als Andenken an den großen Mann das Vorrecht der freien

---

¹) Das seltene Wort succenturiatus scheint aus Terenz, Phormio II, 2, 53, entnommen zu sein.

²) Konrad der Rothe, Graf in den Gauen von Speier, Worms und der Nahe, sowie im Ladengau und oberen Rheingau am Neckar wurde nach dem Tode Herzogs Otto von Lothringen, Anfang 944, vom Kaiser Otto I zum Nachfolger des Verstorbenen ernannt. Im Jahre 947 heirathete er Ottos Tochter Liudgard.

³) Schon 947 wird er von Flodoard Abt genannt; schon 940 war er königlicher Kanzler.

⁴) Lorsch, nordöstlich von Worms, auf dem rechten Rheinufer.

Wahl und viele Denkmale der Frömmigkeit noch jetzt besitzt. Darauf nun, als er von Tugend zu Tugend mit Riesenschritten, wenn ich so sagen darf, vorwärts schritt und wohin er den Fuß wandte, immer mehr den Willen des Herrn erfüllte, erhob sich plötzlich ein Sturm der Zwietracht in der Kirche Christi, der, meine ich, in den Herzen einzelner Wächter vor den Thüren des Hauses des Herrn schlafen mußte. Und es geschah, daß einige Genossen des Teufels, von dem Geist des Neides getrieben, den Entschluß faßten, den Kaiser, durch den alles Heil im Volke war, ihn, das Licht der Erde, zu ermorden[1]. Warum dies anders, als daß sie ihrer bösen Thaten nicht bezichtigt wurden? denn der Evangelist sagt[2]: „Wer Arges thut, der fürchtet das Licht." Als aber durch Gottes Gnade dieser Plan der höllischen Schlange vereitelt war, verbreiteten sie das Gift ihrer Nichtswürdigkeit durch alle Theile des Reichs. Und wenn dies den Untergang der Gesetze und das Verderben des Volkes durch Mord und Raub überall herbeizuführen drohte, so wüthete diese Pest doch nirgends entsetzlicher als in den westlichen Gegenden. Hier wünschten an Willkür, an Raubherrschaft gewöhnte Fürsten, hier ein Volk nach Empörung begierig, alle nur auf den Ausbruch der innern Zwistigkeiten wartend, durch das Elend der Anderen Schätze zu sammeln.

11. Damals war der Hirt der heiligen Kölner Kirche Wicfrid, schon lange körperlich sehr schwach, aber dem König und dem Vaterlande immer treu ergeben, endlich von seinen müden Gliedern erlöst, von der Erde abberufen und den höheren Geistern zugesellt worden. Das Volk aber, seines Hirten beraubt, nahm trotz dieser Verwirrung keinen Antheil an der Empörung, sondern wählte den einzig bewährten und wahren

9. Juli 953

---

[1]) Extinguere. Die Verschwörung gegen das Leben des Königs 941 (Widukind II, 31) ist hier zusammengeworfen mit dem Aufstand Ludolfs und Konrads 953.
[2]) Evangel. Johannes 3, 20.

Trost in Bruno, dem geprüften, edlen und hochherzigen Mann, dem Rathe der Edeln und der gesammten Geistlichkeit folgend. Dieser, obwohl ein Jüngling, doch von gereiftem Character, war im höchsten Glanz seiner erhabenen Stellung demüthig und freundlich. In der Fülle seiner Weisheit, die ihm verliehen war, trachtete er nicht darnach mehr zu wissen, denn zu wissen noth thut, sondern zu wissen in demüthigem Glauben[1]; bei königlichem Reichthum war er karg gegen sich selbst, reich für die Freunde. Vor allen zeichnete sich zuerst Bischof Godefrid[2] durch seine Thätigkeit bei der Wahl aus; wer aber dem andern mit Abgebung seiner Stimme vorangegangen sei, dürfte schwer zu bestimmen sein. Nur das ließ sie zwischen Furcht und Hoffnung schweben[3], daß sie, die Würde des Amtes und den Ruhm des Mannes abwägend, fürchteten, es möge seiner erhabenen Stellung unwürdig sein, was sie für ihn mit so großer Bemühung ins Werk setzten. Und in der That gäbe es im ganzen Reich einen Bischofssitz, der mächtiger und ausgezeichneter durch Geistlichkeit, Volk, Kirchen und andere Ausstattung wäre, so würde dieser von allen, welche ihn kannten, als der mehr noch seiner würdige betrachtet sein.

12. Indem nun alle, während sie den noch unbeerdigten und der dortigen Sitte gemäß zur Besichtigung ausgestellten Leichnam des verstorbenen Erzbischofs, seligen Andenkens, betrachteten, übereinstimmten und in Christo gleichen Sinnes waren, wurden vom heiligen Collegium vier der vorzüglichsten Mitglieder und eben so viele Laien, alle durch hohe Bildung ausgezeichnet, erwählt, die all das Geschehene in der Pfalz berichten und, nachdem sie von der einstimmigen Wahl nach dem traurigen Verlust Mittheilung gemacht, für die Verwaisten

---

[1] Römer 12, 3.
[2] Vermuthlich der Bischof von Speier als königlicher Bevollmächtigter, s. Dümmler, Otto I, S. 220.
[3] Worte Virgils, Aen. I, 218, wie Manitius bemerkt.

den schon angegebenen Trost erflehen sollten. Wozu noch viele Worte? Es gefiel, Gott sei gedankt, der kaiserlichen Majestät, so der Zeit und dem Ort gemäß Vorsorge zu treffen, daß er alsbald den mit solcher Dringlichkeit erbetenen Gast zur Obhut der verlassenen Herde mitsandte. So trat er endlich, aus dem Lager irdischer Herrschaft entlassen, in die Zelte des himmlischen Königs, um gegen die Feinde des Geistes zu kämpfen, gewaffnet mit Wissenschaft und viel erprobter Tugend, diesen Waffen des Glaubens. An ihm erkannten bald seine neuen Begleiter das was einnahm und das was schreckte. Ueberall zeigte er sich sehr leutselig und mild, und obgleich seiner Einsicht nichts von dem entging, was zu thun war, fragte er dennoch auf das Genaueste, was ihm zu thun obliege und welchen Gewohnheiten er sich anschließen müsse. Er besaß mit Freundlichkeit verbundene Würde[1]; so zeigte er sich der von allen Seiten zusammenströmenden Menge in heiterem Ernst, bei allen einen wunderbaren Eindruck zurücklassend.

13. Endlich kam man zu dem heiligen Sitze, welchen Gott diesem frommen Verwalter schon vor der Zeit bereitet, zur rechten Zeit übertragen hatte. Und es entstand ein großes Drängen des Volkes und eine gewaltige Bewegung unter allen Leuten; die Stadt aber ertönete von neuem Jauchzen. Die Geistlichkeit kam aus den Klöstern zusammen, die Nonnen strömten in Menge herbei, jeder Stand, Männer und Weiber, hatte sich in ungewöhnlicher Zahl eingefunden, um an dieser Freude Theil zu nehmen. Die fröhliche Kirche entwöhnte an diesem festlichen Tage ihren Sprößling, bis dahin an der Mutter Brust gesäugt, nun aber in der Gnade Christi groß geworden, und hieß ihn selbst geistige Mutter sein, um später Söhne in heißer Liebe hervorzubringen, in welchen Christus gepflanzt und gepflegt würde. Die in großer Anzahl anwesen-

---

[1] Nach Manitius Worte aus Cicero de senectute IV, 10.

den Bischöfe aber und der Senat dieser heiligen Geistlichkeit hießen unter dem Beifallruf und dem Jauchzen der versammelten Menge den von Gott und Menschen erwählten Mann den bischöflichen Stuhl besteigen, und alle stimmten Gottes Lob an zugleich mit Gesang, Orgeln und Cymbeln und wie jeder seine Freude darzulegen im Stande war.

14. Von nun an war all sein Denken und Trachten darauf gerichtet, der heiligen Mutter Kirche Schutz und Zierde zu bereiten; nach außen Schutz, im inneren Zierde; Schutz in weltlichen, Zierde in geistlichen Dingen. Er liebte vor allem den Schmuck des Hauses Gottes und den Ort, da sein Ruhm Wohnung hat[1]; vielfach zeigte er deutlich, daß er von diesem Verlangen brannte, was aber hier weiter auszuführen nicht nöthig ist, da das Andenken an seine erhabenen Thaten noch frisch ist und nie in seinem Volke die, welche Glauben und Wahrheit lieben, aufhören werden von ihm zu reden. Einzelnes indeß wollen wir, wie wir uns vorgenommen haben, des Beispiels wegen und zur Belehrung anderer Geschichtschreiber, doch nicht mit Stillschweigen übergehen. Denn unmöglich ist es, die Thaten eines solchen Mannes durch das tägliche Wachsthum seiner Tugenden einzeln zu verfolgen mit würdigem Lobe, und seine großen Verdienste angemessen zu preisen, die er sich überall nach Art der klugen Bienen, damit er ein guter Geruch Christi sein könnte[2], durch Wohlthaten und Unterstützungen der Armen und Bedrängten gesammelt hatte. Dieses gereichte den Einen zum Leben, den Anderen aber zum Tode. Denn die, welche von Bitterkeit gereizt, unkundig der schönen Künste und Wissenschaften, die ihren Thaten so unähnlichen Bestrebungen, welche sie weder zu hindern vermochten noch zu würdigen verstanden, durch Verläumdung und Verkleinerung herabzuziehen suchten, bereiteten sich selbst damit den Tod und

---

[1] Psalm 26, 8. — [2] 2. Korinther 2, 15.

das ewige Verderben, nach dem Drohwort des Propheten, der da sagt¹: „Wehe denen die Böses gut und Gutes böse heißen, die aus Finsterniß Licht und aus Licht Finsterniß machen." „Wer aber mir folgt," sagt der Herr², „der wandelt nicht in Finsterniß." Dieser aber thut gewiß nicht voreilig seinen Spruch und verurtheilt nicht leicht irgend jemand durch seinen Spruch. Den Guten ist es aber beschieden den Bösen zu mißfallen, und daher richten sie ihr Leben nicht nach der übeln Rede der Menge ein, sondern nach der Wahrheit und ihrem Gewissen.

15. Bevor dieser im Gesetz Gottes erfahrene Mann den Bischofsitz einnahm, hegten die aufrührerischen Bewohner unseres Reichs, welche der Geist des Teufels antrieb gegen den Herrn Jesus Christus aufzustehen, die Hoffnung sich Kölns bemächtigen zu können, indem sie meinten, das hochherzige Volk des Königreichs Lothringen entweder durch Friede und Bündniß gewinnen oder durch öftere feindliche Angriffe wegen der passenden Lage des Ortes in Furcht setzen zu können. Aber nachdem dieser Sohn des Friedens, der aufmerksame Wächter der Kirchen Gottes, in die Stadt gekommen war, wurden jene Feinde des Friedens von unbeschreiblicher Trauer ergriffen und verzweifelten gänzlich, ihre Pläne ausführen zu können. Daher die Beschimpfungen, Verläumdungen, Vorwürfe und vielfältigen niederträchtigen Lügen. Ja, sicher wurden alle jene Unwahrheiten von den Gottlosen vorgebracht³, um, da man den Hirten, wie sie wohl wußten, weder bestechen noch auf irgend eine Weise verführen konnte, wenigstens die Herde von der Liebe zu ihrem Hirten durch die Wirkung dieser Lügen abzuziehen, wenn die trügerische Ausstreuung Fortgang gewönne.

---

¹) Jesaias, 5, 20. — ²) Evang. Johannis 8, 12.
³) Mentita est iniquitas sibi, Psalm 26, 12, in der deutschen Uebersetzung ganz abweichend.

Denn große und gelehrte Männer können wohl Neid und Haß sich zuziehen, sie selbst aber hegen keine solchen Gefühle.

August 953

16. Um diese Zeit wurde vom Kaiser und seinem Heer die angesehene und reiche Stadt Mainz belagert; denn sie war angefüllt mit offenen und geheimen Feinden des Reichs, und wo sonst die Religion in ihrer Reinheit zu herrschen pflegte, dahin war jetzt aller Abschaum der Zwietracht und des Haders zusammengeströmt. Ueber den Erzbischof[1] war das Urtheil der Fürsten und des Volkes getheilt: einige erhoben seine Unschuld bis in den Himmel, rühmten seine Tugenden und erklärten, daß alle Unruhen, die an verschiedenen Orten und besonders in diesen Gegenden ausgebrochen, ihm vor allem verhaßt wären; er verwünsche die Parteiungen und habe sich deßhalb vom Schauplatz ihrer Kämpfe entfernt; er kümmere sich nicht mehr darum, wem die Stadt offen stehe, wem die Truppen gehorchten. Dies ungefähr war das Urtheil derer, welche in jene scheußliche Empörung selbst verwickelt sich rühmten, auf seinen fortwährenden Beistand und seinen Rath in allen Dingen volles Vertrauen zu haben, und damit ihre Sache vertheidigten, daß sie sagten, dieselbe könne nicht schlecht sein, da ein solcher Mann ihr anhänge. Andere aber und beinahe alle, welche die göttliche Gnade dazu anleitete, die von Gott geordnete Obrigkeit zu ehren, folgten mit aller Ergebenheit dem Kaiser, dem Vertheidiger des Eigenthums, dem Rächer der Verbrechen, dem Spender der Ehren[2]. Auch die, welchen zu Haus ihr Eigenthum, ihre Frauen und Kinder am Herzen lagen, oder welche dem Frieden von Herzen ergeben waren, urtheilten ganz anders über den Werth jenes Mannes. Wir

---

[1] Erzbischof Friedrich war von Mainz ins Castell Breisach entflohen und hatte die Stadt den Feinden übergeben.

[2] Nach einem Vers des Prudentius, II contra Symm. 434, wie Dümmler nachgewiesen hat.

überlaſſen dies der Entſcheidung Gottes und kehren von dieſer Abſchweifung zu unſerem Vorwurf zurück.

17. Den neuen Wächter und ernannten Biſchof der Stadt Agrippina alſo lud der Kaiſer zu dieſer Berathung von neuer Art ein, da er von früher her, noch ehe jenem dieſe Würde übertragen war, wußte, was er in Rath und Rede vermöge. Hier im Rathe gingen die Stimmen vielfach auseinander, da die einen dieſer Anſicht, die andern jener ſich zuneigten und es faſt ungewiß ſchien, welcher man mehr Vertrauen ſchenken ſolle. Oefter konnte man ſelbſt von denen, welche im kaiſerlichen Lager waren, der Gegenpartei Tapferkeit loben und die Reinheit jener Sache dem Dienſt vorziehen hören, welchen ſie hier gezwungen und mit größtem Widerwillen thäten. Und da keiner bei den Feinden ſelbſt ſo thöricht war, die königliche Majeſtät zu tadeln oder herabzuſetzen, ſo warfen ſie den Anfang alles Unfriedens und alle Schuld an dem Blutvergießen auf des Königs Bruder Heinrich, den berühmten Herzog und Markgraf der Baiern, den Schrecken aller Barbaren und der Völker jener Gegenden, ſelbſt der Griechen. Die Wahrheit aber war, daß, je beſſer ſich jemand bewährte und je treuer er ſeinen Eid gegen Kaiſer und Reich bewahrte, er deſto mehr bei jenen verhaßt war. In dieſen Haß der raubgierigen und meineidigen Partei ſtürzte ſich Bruno, der ruhmreiche und dem Volke Gottes angenehme Lenker der Kirche, gern und ohne Zaudern, indem er, weder getheilten Herzens noch doppelzüngiger Rede, niemand Gelegenheit bot, das zu verbergen, was er wollte oder das zu heucheln, was er nicht wollte. Er dachte nicht daran andere zu täuſchen, noch ließ er ſich aber auch von andern täuſchen. Zuerſt prüfte er indeß die harten Herzen der Rebellen, ob nicht einige von ihnen noch für die Mittel ſegenbringender Ueberredung und Belehrung zugänglich wären; die letzte Arzenei des Brenneiſens aufſparend, bis er

durch sorgfältige Prüfung erforscht hätte, wohin diese unge=
messene Kühnheit in ihren Wünschen und Entwürfen ziele.

18. Das Haupt dieser Verschwörung war aber der Sohn
des Kaisers selbst, Liudulf, ein Jüngling schön und herrlich
anzuschauen; geschaffen, nicht allein das Reich wie es war zu
erhalten, sondern auch die Denkmale der Siege des Vaters
noch glänzender zu machen, wenn er nicht den Verführern
vertraut und nicht Verräther, sondern Erbe hätte sein wollen.
Aber da er, eilfertig nach Reichthum und Herrschaft trachtend,
dem väterlichen Rathe nicht folgte, so geschah ihm nach dem
wahrhaftigen Spruche Salomons, daß das Erbe, nach dem er
zuerst sehr eilte, zuletzt nicht gesegnet war[1]. Der ausgezeich=
nete und weise, zukünftige und schon erwählte Priester des
Herrn also, betrübt um das geschwundene Ansehen des Bru=
ders und den Untergang des Neffen, soll diesen, als er, sicher
gestellt durch geforderte Geiseln, mit der Wuth eines wilden
Thieres in das Lager kam, aus der Menge fortgeführt und
darauf so zu ihm gesprochen haben: „Du weißt nicht, o Jüng=
ling, du, dessen Ruhm die Erde erfüllt, wie viel du dir und
den Deinigen nützen würdest, wenn du die Worte meiner Er=
mahnung wahrhaft und ernstlich beherzigtest. Du, deines
glorreichen Vaters größte Sorge und unser Ruhm, was läßt
du uns für Hoffnung übrig, wenn du dich selbst unseren
Wünschen entziehst. Du achtest nicht das Ehrfurcht gebietende
Alter deines frommen Vaters[2], den zu betrüben, dem Leides
zu thun dir wahrlich keinen Segen bringen kann. Erinnerst
du dich nicht der dir von deiner Kindheit an unablässig be=
wiesenen väterlichen Liebe? Glaube mir, du beleidigst Gott,
wenn du den Vater nicht ehrst. Du hast keinen Grund der

---

1) Sprüche Salomonis 20, 21.
2) Er war, wie Dümmler bemerkt, erst 41 Jahre alt, und es liegt daher in diesen
Worten ein Merkmal, daß die Rede nur ein rhetorisches Kunstwerk des Verfassers ist.

Entschuldigung. Ihn zu kränken bezweckt es, was du gegen
dies Reich wider seinen Willen vornimmst. Du betreibst deine
Angelegenheiten mit deinen Feinden, anstatt, wie es sich ziemte,
mit deinen Freunden. Denn jene suchen in dir nicht dich,
sondern ihren Vortheil; dein Wohl kümmert sie wenig; nach
Worten messen sie alles, nicht nach der Wahrheit der Dinge.
Merke doch auf, wohin sie dich führen, daß sie dich nicht ver=
führen. Wie bist du, die Freude und der Stolz deines Va=
ters, die Hoffnung und Wonne des ganzen Reiches, so allen
zum Aergerniß geworden? O höre endlich auf Absalon zu
sein, um Salomon sein zu können. Denke daran, wer dich
so erhöhet hat, wer alle Fürsten dieses Reiches mit Eidestreue
dir verpflichtet hat. Warum that er dies? etwa deswegen,
daß du es ihm mit Undank lohntest? daß du ein Verräther
würdest? die sind wahrlich wahnsinnig, welche dich so täuschen
wollen. Scheue die täglichen Klagen, fürchte die immer wie=
derkehrenden Seufzer, zittere vor den Thränen deines Vaters.
Minderen Kummer würde es ihm bereiten, das ganze Reich
von Feinden sich entrissen zu sehen, als dich, für den er das
Reich bewahrt. Dein unschuldiges Herz ist durch giftige
Schmeicheleien verführt, das Herz des Vaters liegt offen vor
dir, in dem kein Falsch ist. Der Vater beklagt den Sohn,
welchen ihm verdorbener Menschen Bosheit abwendig gemacht
hat; er wird über seine Rückkehr sich freuen. Wenn er jetzt
gegen deine Verführer sehr aufgebracht ist, so wird sein Zorn
sich legen, wenn er erst dich, seinen Liebling, wiedergewonnen
hat; er wird all das Geschehene nicht als Verbrechen, sondern
als verzeihlichen Irrthum betrachten, wenn er erst dich dem
Vater wiedergegeben sieht, dich, den er mehr als sich selbst
liebte."

19. Solches und ähnliches mehr redete Herr Bruno, der
edle und redekundige Mann, um das Heil des schönen Jüng=

lings sehr besorgt; dieser aber, gleich als ob die Erinnys sei=
nen Sinn zur bösen That getrieben, wollte sein Herz nicht
für solche Ermahnungen erschließen, kaum daß er, um nicht
anmaßend zu erscheinen, ruhig Brunos Worte anhörte. Denn
er hielt es für ehrenvoller, unschuldig an dem Elend dieses
Haders zu erscheinen als es zu sein. Seinen jugendlichen
Geist machte die Sorge und Bangigkeit so vieler seiner hüb=
schen Begleiter befangen, die, wenn sie nicht von dem Gift
der frevelhaften Empörung ergriffen gewesen wären, der kaiser=
lichen Würde zum Schmuck und zur Freude hätten gereichen
können. Wohl ziemte es sich für diesen herrlichen, tapfern
und ausgezeichneten Jüngling, von solchen Begleitern umgeben
zu sein, solch herrlicher Auswahl von Genossen sich zu rühmen.
Vor allen andern aber reizte ihn wie ein Stachel der eben
noch so tapfere Herzog, jetzt aber keckste Räuber Kuono[1]; schon
hatten sie sich, wie sie hochfahrend erzählten, Schätze und Reich
gewonnen, aber in der That war doch ihr Treiben nichts denn
unfruchtbare Arbeit, denn immer quälte sie die Sorge um
ihre Sicherheit und Ruhe. So bewirkten sie, daß der, welcher
so zu sagen alles in Händen hatte, dadurch, daß er strebte,
noch mehr zu haben, gar nichts hatte. Inzwischen kämpften
sie auf jegliche Weise durch List und mit dem Schwerte, ruh=
ten weder Tag noch Nacht, machten die Gegner untereinander
mißtrauisch und verdächtig, ließen nichts unversucht[2], entzogen
sich keiner Mühe, um nur zu bewirken, daß sie die größten
und reichsten Städte des Reichs auf irgend eine Art in ihre
Gewalt bekämen, da sie glaubten, daß dann das übrige Reich
ihnen leicht zufallen würde. Und damit nichts ohne Trug
und List vor sich ginge, unterhandelten sie ins Geheim mit
Arnold, einem sehr thatkräftigen Manne, dem damals die

---

[1] Der oben erwähnte Herzog Konrad von Lothringen.
[2] Worte aus Horaz v. d. Dichtkunst V. 285, wie Manitius bemerkt.

höchste Gewalt in Baiern übertragen war[1], indem sie ihm ungeheure Versprechungen machten, auch seinen alten Haß anfachten, und brachten ihn dazu, daß er zuerst selbst meineidig von dem Herzog Heinrich abfiel und dann die hochberühmte Stadt Regensburg, endlich aber das ganze Baiern zum Abfall verleitete. So große Kraft vermochte Neid und Haß zu gewinnen. Zugleich auch lockten die Verschworenen die Ungarn, jene alte Pest des Vaterlandes, herbei, um in das schon durch innern Sturm zerrissene Reich einzubrechen, denn so glaubten sie, würde ihnen die Sorge, welche sie fortwährend hegten, ganz genommen oder wenigstens vermindert werden.

20. Durch dieses plötzliche und unvorhergesehene Ereigniß bewogen, nahm der Kaiser, mehr ihr Unglück als seinen Schaden beklagend, endlich den ihm angesonnenen Vertrag an und hob die Belagerung auf; von dem Lager aus brach er schnell nach Osten mit denen auf, welche er treu wußte, um jenen Gegenden Hülfe zu bringen; seinen Bruder Bruno ließ er als Hüter und Regierer, wenn ich so sagen soll als Erzherzog, in dieser gefahrvollen Zeit im Westen und gab ihm diese Aufträge: „Ich kann nicht sagen, lieber Bruder, wie sehr es mich freut, daß wir immer ein und dieselbe Meinung gehabt haben und unsere Wünsche in keiner Sache auseinandergegangen sind; und das ist es, was mich in meiner Trübsal am meisten tröstet, daß ich sehe, wie sich durch des allmächtigen Gottes Gnade das königliche Priesterthum dem Kaiserthum angeschlossen hat. Denn in dir ist ja priesterliche Würde und königlicher Name vereinigt, so daß du einem Jeden das Seinige zu geben weißt, wie es die Gerechtigkeit verlangt, und der Gewalt sowie der List der Feinde zu widerstehen vermagst, stark und gerecht zugleich. Auch habe ich wohl erkannt, daß dir die

---

[1] Sohn des Herzogs Arnulf, Pfalzgraf von Baiern, dem Herzog Heinrich die Statthalterschaft übertragen hatte.

Mutter der freien Künste und Wissenschaften und die wahre Tugend der Philosophie nicht fehlt, welche dir diese Bescheidenheit und Erhabenheit des Geistes verliehen haben. Ich weiß daher, mein Bruder, ich weiß, daß niemand bei deiner Klugheit dich wird überzeugen können, es sei für dich ohne Bedeutung, ob die Verderbten über den Untergang der Guten sich rühmen, mit wie viel ehrbaren Worten sie auch das einkleiden, was sie eigentlich bezwecken. Sie werden vielleicht sagen, es seien das Dinge, welche mit den Waffen geordnet werden müßten, und deshalb außerhalb deines Gebietes lägen, welche der Würde deines göttlichen Amtes nicht geziemten. Sieh', wie viele durch solche trügerische Worte der Vorsteher jenes Erzbisthums verführt[1], wie viele er in den Strudel des bürgerlichen Krieges hineingezogen hat. Wenn er sich aber wirklich, wie er vorgiebt, dem Streit und den Gefahren des Krieges hätte entziehen wollen, um in geistiger Muße leben zu können, dann würde er in der That besser gehandelt haben, für uns und für das Reich, wenn er das, was wir ihm aus kaiserlicher Gnade und Mildthätigkeit gegeben haben, uns und nicht den Feinden überantwortet hätte. Denn für Feinde erkläre ich, wie fast aller Meinung ist, ruchlose Räuber, Vaterlandsverräther, Verwüster des Reichs, Verräther ihrer Feldzeichen, sie die, wie ich glaube, wünschten, in gottesschänderischer Wuth mich mit eigner Hand tödten zu können oder des grausamsten Todes sterben zu sehen; mich, dem sie den Sohn entrissen haben; meinen Bruder aber wollen sie seines Reiches, seiner Kinder, der süßen Gattin[2], endlich auch des Lebens berauben. So bist du denn mein fester, wahrer, sicherer Trost, du, der du von Kindheit an so zugenommen hast an Tugend

---

[1] Das ist Friedrich von Mainz.
[2] Judith, welche sie nach Widukind III, 20 nebst den Kindern aus Baiern vertrieben hatten. Dieses wird hier, wie in früherer Zeit häufig, als Reich (regnum) bezeichnet.

und Weisheit, daß es dir schon zur andern Natur geworden ist, recht zu handeln[1] und auf alles mit Umsicht zu denken. Wenn ich dich erst glücklich und unversehrt wieder sehe, wie mein Geist immer verlangt, meine Sehnsucht erwartet, mein Herz erfleht: dann wird die Zeit der Ehre, des Ruhms und Glanzes gekommen sein. Kraft haben wir noch genug, uns zu schützen; nur dürfen wir an uns selbst nicht irre werden. Dies sei unsere größte Sorge. Du, du selbst bist mein Zeuge, mit welcher Sorge und mit welchem Wohlwollen ich die pflegen, schützen, umschlingen würde, die so grausam gegen mich sich erweisen, die ich ja jetzt so gern schonen und erhalten möchte, wenn sie ihrer selbst schonen wollten. Aber mit welchem Ungestüm stürzen sie sich in den Abgrund des Verderbens und reißen mein in Unschuld auferzogenes Kind zu allen Verbrechen mit sich fort! So schwer wird es denen, in der Gewalt Maaß zu halten, welche aus Ehrgeiz nicht gut zu sein wünschen, sondern nur so zu scheinen. Du weißt, liebster Bruder, schmerzlich ist es mir daran wieder zu denken, daß die häufig gegen mich sich am härtesten und treulosesten benommen haben, welche ich mehr denn andere gehegt und gepflegt, die ich als Genossen in so vielen schweren Lebensverhältnissen geliebt, von denen ich geglaubt habe, sie hingen mir am festesten an. Was mich aber am meisten niederdrückt, was alle andern Uebel übertrifft, ist, daß mein Sohn, mir entrissen, gelernt hat, seinen Vater zu verfolgen und zu bekämpfen. Bemühe dich daher, o Mann Gottes, nicht so schnell, sondern so gut als möglich durch deine Klugheit, durch welche du dich so auszeichnest, je nach Verhältnissen von Ort und Zeit vom Kampfe abzurathen oder auf jedwede Weise den Frieden herzustellen. Von dir körperlich entfernt möge ich, wo ich auch bin, deiner Weisheit und Besonnenheit mich freuen und mir

---

[1] Worte aus Sallusts Jugurtha 85, 9 nach Manitius.

dazu Glück wünschen; dein Ruhm sei der meinige und der meinige dein. Ich verlange sehnlichst, daß es unserer Wünsche und Freuden Krone sei, nicht allein vor Gott, sondern auch vor den Menschen, gegenseitig für unser wahres Wohl zu sorgen und, wenn es geht, mit allen Menschen in Frieden zu leben."

Hierauf, nachdem sie sich umarmt und geküßt hatten, schieden sie nicht ohne Thränen von einander; der Kaiser ging nach Osten, sein Bruder nach Westen.

21. Sept. 953

21. Bald gelangte er nach der Pfalz zu Aachen; hierhin berief er die Fürsten des Reichs, welche diese Dinge angingen, gab ihnen verschiedene auf alle Fälle bezügliche Unterweisungen und ermahnte sie vor allem, nicht den Verführern und ihren eiteln Versprechungen Glauben zu schenken, nicht ihre Drohungen zu fürchten, keine Versprechungen höher denn die kaiserliche Majestät und ihre gelobte Treue zu achten. Zugleich versprach er ihnen aber, vor der Zeit und zur rechten Zeit immer bereit zu sein, um den verletzten Frieden der Kirche, wenn es nöthig wäre, selbst mit Gefahr des Lebens wiederherzustellen. Hierauf kehrte er guten Muthes nach Köln zurück:

25. Sept.

denn dort wartete seiner die Einführung in die neue Würde und die Freude der heilbringenden Salbung. Und es erhob sich von neuem großer Jubel und Freude unter allem Volk, als der Priester des Herrn geschmückt mit der Stola der Fröhlichkeit, der versammelten Menge sich zeigte! Und die köstliche Narde verbreitete ihren lieblichen Duft[1]; in der Kirche öffnete er den Mund und redete[2]. Und nach dem Gesetz[3] hörte man seinen Klang, da er einging in das Heilige vor dem Herrn; allen aber, die ihm gehorsam waren und ihm

---

[1] Nach dem Hohenlied 1, 12.
[2] Jesus Sirach 15, 5, wo aber die Weisheit Subjekt ist.
[3] 2. Mose 28, 35.

folgten, ist er ein Beispiel und Wegweiser zum Heil gewesen. Was er aber gethan hat, wie er gelehrt hat, wie er sich für den Frieden der Kirche Gottes hingegeben hat, war eben so wunderbar in der Wirklichkeit, als es schwer ist, davon eine Beschreibung zu geben. Denn so weit überragten seine täglichen Werke die größten seiner Vorgänger, daß alles, was er zur Erweiterung und Wiederherstellung von Kirchen, in Uebertragung von Reliquien oder Gebeinen von Heiligen in seinen Sprengel, in Errichtung von öffentlichen und Privatgebäuden, in Regelung der Häuser und der Angelegenheiten der Familie Gottes geleistet hat, im Vergleich zu anderer Männer Thätigkeit fast unglaublich erscheint. Denn wie er mehr als alle Lehrer sich selbst kannte, so wußte er die Schneide seines Herzens, die Schärfe seines Verstandes, die Kraft seines Geistes auf höhere Werke der Weisheit und Tugend zu richten. Zuerst in Betreff der Religion und Gottesverehrung, was die Griechen Theosebeia nennen, bestimmte er nach der ihm gegebenen Weisheit, den kanonischen und apostolischen Vorschriften folgend, daß die Menge, welche in den verschiedenen zu seinem ehrenvollen Sprengel gehörigen Congregationen sich aufhielt, ein Herz und eine Seele haben solle, daß alle jene Schäden, wie Aufwand an Kleidern, Ungleichheit der Lebenseinrichtungen und was sonst sich Weichliches und Ungehöriges in seiner Kirche fand, mit der wahren geistlichen Beschneidung, welche der Anfang aller Weisheit ist, sorgfältig ausgemerzt werden sollten; daß alle, die dazu verpflichtet wären, auf das genaueste nach den festgesetzten Regeln dem göttlichen Dienst oblägen und nicht in irgend anderen Dingen ihr Heil suchen möchten.

22. Solches und Aehnliches verhandelte er öfter mit den ehrwürdigen Vätern und älteren Mitgliedern seiner Geistlichkeit, und ermahnte sie dringend, mit ihm über das Wohl der göttlichen Herde zu wachen; und wenn auch die Zeitumstände

verhinderten, dies so oft zu thun als er gewünscht hätte, so war er doch, von dem heiligen Geiste getrieben, auch abwesend nicht minder auf den Dienst des Herrn bedacht. Denn er hatte auswendig Streit, inwendig Furcht[1]. Er kämpfte gegen die Wuth der Wölfe, welche die Kirche Gottes verwüsten wollten; er fürchtete für die Einfalt der Schafe, wie der Apostel, da er sagt[2]: „Ich fürchte aber, daß nicht, wie die Schlange Eva verführte mit ihrer Schalkheit, also auch Eure Sinne verrücket werden von der Einfältigkeit in Christo." So erprobten Herzens stand er wie ein tapferer Kämpfer gegen alles Ungemach; und auch im Glück bewahrte dieser Charakter gleiche Stärke, indem er gleich sehr durch seine Handlungen und durch seine häufigen Ermahnungen seine Pflegebefohlenen belehrte, daß sie bedacht sein sollten in dem Bande des Friedens die Einheit des Geistes zu bewahren. Und die immer rege, nach allen Seiten hin gewandte, ganz einzige Thätigkeit seines Geistes schien fast jener allgemeinen Regel zu widersprechen, nach welcher derjenige, welcher sich nach vielen Seiten hin zersplittert, für das Einzelne nicht kräftig genug bleibt. Durch kaiserlichen Befehl genöthigt übernahm er also, wie wir gesagt haben, die Leitung der öffentlichen Angelegenheiten in Lothringen. Und wenn er alle Fürsten und Beamte an der gemeinschaftlichen Last mittragen ließ und einem jeden die für ihn geeignete Thätigkeit anwies, so war doch keine Arbeit, der er nicht sich selbst unterzogen hätte, indem er mit der äußersten Lebhaftigkeit seines Geistes für dasjenige sorgte, was dem allgemeinen Besten frommte.

23. Einige, unkundig der göttlichen Leitung, werden vielleicht fragen, warum der Bischof die Angelegenheiten des Volks betrieben und in die Gefahren des Kriegs sich gestürzt habe, da ihm doch nur die Sorge für die Seelen übertragen war.

---

1) 2. Korinther 7, 5, wie Dümmler bemerkt hat. — 2) 2. Korinther 11, 3.

Denen wird, wenn sie gesunde Vernunft besitzen, die Sache selbst leicht Aufschluß geben, wenn sie den so großen und besonders in jenen Gegenden so seltenen Segen des Friedens durch diesen Hüter und Lehrer des treuen Volks überallhin verbreitet sehen, und sie werden daher um deswillen ferner nicht gleichsam in dunkelm Ort, wohin kein Licht fällt, umherirren. Und übrigens war es nicht neu noch ungewöhnlich, diese Leitung der weltlichen Angelegenheiten den Lenkern der heiligen Kirche Gottes anzuvertrauen; wenn jemand hierfür Beispiele wünscht, so können wir deren leicht anführen. Wir indeß, zu andern Dingen eilend, überlassen der Einsicht eines jeden, was er über diesen frommen Mann denken will, indem wir wohl wissen, daß niemand bei vernünftigen Sinnen sein kann, der versuchen möchte, das so offenbare Gute, welches jener gestiftet hat, durch Verläumdung oder böse Nachrede herabzuwürdigen. Gut aber und dem Staat zuträglich war alles, was jener Mann gethan hat. Seine Handlungen hatten nicht den Zweck, im Munde des Volks gepriesen zu werden und ihm der Menge Gunst zu verschaffen, sondern er lebte und handelte so vor den Augen der Menschen, daß er den Bösen zum Abscheu, den Guten zum Stolz und zur Freude gereichte. Allen aber wurde hierdurch offenbar, daß er in dem Bisthum ein gutes Werk begehrt hatte[1], wobei selbst von Neidern und Nebenbuhlern seine Handlungsweise nicht leicht angegriffen werden konnte; nur eben das gereichte ihm zu größerem Lob, daß er solchen Leuten nicht gefiel. Von solcher bewunderungswürdigen Thätigkeit also in Anspruch genommen, zog der immer wachsame Verwalter des höchsten Hausherrn und vornehmste Bischof, die strahlende Leuchte, nämlich das Beispiel des guten Werkes, in den Händen tragend, diese mit, jene wider Willen zu Gott hin.

---

[1] 1. Tim. 3, 5.

24. Inzwischen hörte die alte Pest des menschlichen Geschlechts nicht auf, das Gift des Neides unter die schon zu fröhlichem Gedeihen aufsprießende Saat der Werke des frommen Lehrers überallhin auszustreuen. Denn da kaum das Volk der Lothringer, endlich durch vielfältige Ermahnungen dieses großen Mannes dahin gebracht, angefangen hatte die ungewohnten Freuden des Friedens zu genießen und denen, welche allein im Bürgerkrieg für sich Vortheil sahen, die Mitwirkung zum eigenen Verderben größtentheils verweigerte, brach das wilde Volk der Ungarn in so furchtbarem Sturme, wie unser Land es nie bisher empfunden hatte, herbeigelockt von nichtswürdigen Mitbürgern, nachdem es die meisten Provinzen Germaniens durchzogen hatte, mit seiner ganzen Masse in Gallien ein, welches vor Alters das edle Volk der Franken besetzt hat, um alles mit Feuer und Schwert zu verwüsten. In diesem Heere befand sich auch Kuono[1], früher ein ausgezeichneter Herzog, mit seinem Gefolge, sei es, um seinen Haß, den er gegen den Mann Gottes Bruno, der doch gegen alle Guten so sanftmüthig war, gefaßt hatte, durch dieses schmachvolle Blutbad zu befriedigen, sei es, um einigen seiner Freunde in so großer Gefahr, soviel er konnte, Hülfe zu leisten: aber jene erstere war die allgemeinere Ansicht. Denn schon vorher hatte er gegen Bruno mit Arglist, da ihm die Macht zu Gewaltthaten fehlte, zu arbeiten gesucht, sich durch Hinterlist in Besitz der reichen Stadt Metz gesetzt[2], den Verdacht gleicher Absicht auf Köln und andere Burgen des Reichs erregt, immer in Schmähungen sich ergangen und Drohungen ausgestoßen. Und auch später beharrte er noch längere Zeit bei derselben rücksichtslosen Wildheit. Nichts ließ er unversucht, wodurch er glaubte, den in unserem Volk durch die Weisheit seines Lehrers

---

[1] Eben jener schon öfter erwähnte Konrad, Herzog von Lothringen.
[2] Im Jahre 953; er hatte es bald darauf wieder geräumt.

gestifteten Frieden stören zu können. Eben war er noch ein Mann gewesen von größter Macht und größtem Glück, aber unfähig, würdig das Glück zu genießen. Und durch Mißbrauch verscherzte er es und wüthete nun über die Maßen unbändig gegen die Guten; immer aber wurden seine abscheulichen Anschläge durch Gottes Fügung vereitelt, so daß es ihn später nicht wenig gereute, so ungeheuerliche That so leichtsinnig begonnen zu haben.

25. Der Herr aber hatte Erbarmen mit seinem Volk und bewahrte in allem seinen Priester und frommen Haushälter, und leitete alles so, daß oft ohne Kampf und Menschenverlust die größten Gefahren abgewandt wurden. Mitten in diesen Gefahren beschäftigte er selbst sich unerschrocken häufig mit Lesen oder überließ sich der Unterhaltung über die erhabensten Dinge, als ob er die sich aufdrängenden Sorgen des Augenblickes ganz vergessen hätte. Das aber erkannte zu Trier und im Elsaß das Volk und alle Welt, mit welcher Festigkeit und Sicherheit des Geistes er die haltlosen und tollkühnen Versuche der Gegner zu Schanden machte, indem er zeigte, daß die, welche sich in fremden Dingen so stark rühmten, in den eigenen so schwach wären. Und in der That, diese, welche kein Kampf, keine Härte zu beugen vermocht hatte, machte die Frömmigkeit jenes Mannes schwach und furchtsam, Denn durch seinen Geist und durch seine Gemeinschaft mit allen Guten, nicht durch Grausamkeit war er stark und Furcht gebietend; und keiner von den Feinden dachte so emsig auf Verderben, wie er auf Heil und Segen. Ruhmsucht aber und das Urtheil der Menge bewogen ihn zu nichts; sein Gewissen allein war ihm Richtschnur, und wo er das Rechte erprobt hatte, da sah er nicht nach dem, was ihm, sondern was Gott gefiel.

So war er, daß ich mit Uebergehung vieles Wichtigen mich kurz fasse, nach innen und außen, zu Haus und im Felde, ein unermüdlicher Streiter Gottes, und kämpfte mehr mit der Kraft des Geistes als mit irdischen Mitteln so lange, häufig selbst mit Gefahr des Lebens gegen die Unruhestifter und Zerstörer, daß selbst der Ruf seines Namens, wohin er drang, Kriege beilegte, Frieden stiftete, die Pflege der Wissenschaft förderte und die gnadenreiche Wirkung der heiligen Religion und des Friedens vermehrte.

26. Da nun der demüthige Verehrer Christi und glühende Nacheiferer besserer Gnadengaben, Bruno, der Diener Gottes, nach der Würde seines Bischofsitzes auch mit dem päpstlichen und apostolischen Segen geschmückt und mit denen, welche die von dem Apostel Petrus überlieferte Lehre ungetrübt zu erhalten haben, in der Reinheit des katholischen Glaubens, in dem wahren Bekenntniß und der unveränderlichen Wahrheit der Lehre vereint werden sollte, schickte er seinen synodalen Brief durch Hadamar, den ehrwürdigen Abt des Klosters Fulda, nach Rom an den heiligen Papst Agapitus: einen Brief, aus dem klar wurde, welchen Geistes er war, und daß der von den Schafen gewählte Hirt von Gott gesendet ward. Und er wurde zum Genossen und Mitbruder der Apostel, zum Lehrer und Verbreiter der Befehle Gottes berufen. Darauf kehrte der Gesandte fröhlichen Geistes zurück und brachte dem frommen Hirten, welchem schon vorher durch die Gnade Gottes nach dem Wort des Propheten[1] das Oel der Freude für Trauer gespendet war, das Pallium des Ruhmes für den Geist der Traurigkeit. Denn der Geist Gottes erfüllte den trefflichen und mehr auf die Wunderkraft der Gnadengabe als auf das, was sichtbarlich geschah, hingerichteten Mann, daß er nicht traurig würde über die Arbeit und Sorge, die ihm bevorstand. Denn das Herz, welches traurig ist, dem hilft keine äußerliche Freude[2].

---

[1]) Jesaias 61, 3. — [2]) Sprüche Salomonis 14, 10.

27. Der Gesandte also, wie wir schon zu erzählen begonnen haben, von Rom zurückkehrend, eilte die frohe Botschaft nach Köln zu bringen; er führte mit sich das vom Papst übersandte heilige Gewand, welches das süße Joch Gottes und seine leichte Last anzeigt, und zugleich den niedrigen Dienst, welcher in ihm verrichtet wird, was Gottes eigene Worte bezeugen, da er sagt[1]: „Welcher will groß werden unter euch, der muß euer Diener sein." Außerdem brachte der Gesandte auch Reliquien vom eignen Körper des heiligen Märtyrers Pantaleon und das in apostolischer Machtvollkommenheit zuerkannte Recht, wonach der Priester Gottes wider die Gewohnheit die Erlaubniß erhielt, das Pallium, wann er immer wollte, zu tragen. So waren alle seine Wünsche erfüllt und seiner Tugend und Weisheit wegen wurde er zur Theilnahme am Werke des höchsten Bischofs und fast zum Mitgenuß seiner Würde erhoben. Das Volk der Stadt aber eilte fröhlich dem Gesandten entgegen; von überall her strömte die Masse jubelnd zusammen; alles sammelte sich dann in der Vorstadt an dem altheiligen Ort, wo die Kirche jenes ehrwürdigen Märtyrers stand, noch schmucklos und dem Einsturz nahe. Hier wurden zuerst die werthen Geschenke niedergelegt, dann aber alle an passenden Orten aufbewahrt.

28. Hier einen Augenblick zu verweilen mahnt mich die Erwähnung jenes festlichen Empfanges, der ach! nicht lange nachher an demselben Orte ein durch Schmerz so trauriger wurde. Hier wurde jenes ehrwürdige Gewand zuerst, hier zuletzt, einmal unter Jubel, das andere Mal unter Trauergesang angelegt. Dem Leichnam nämlich des frommen und Gottes würdigen Priesters, welcher dort begraben wurde, fehlten nicht die Abzeichen der bischöflichen Würde, welche, wie wir glauben, die Seele vergeistigt zum seligen Leben mit sich ent-

---

[1]) Evang. Marci 10, 43.

führte. So war es im geheimen Rathschluß Gottes bestimmt, daß derselbe Ort zur Verkündigung der Verdienste seines heiligen Märtyrers bei dieser Gelegenheit zuerst verherrlicht und zu einem solchen gestaltet wurde, daß er von jenem friedliebenden und wunderbar demüthigen Mann Gottes vor allen andern erwählt wurde, um unter dem Schutz jenes frommen Märtyrers den Tag des jüngsten Gerichts und die Herrlichkeit der künftigen Auferstehung nach seinem Tode dort zu erwarten. Nicht lange nachher nämlich setzte er dorthin, als an einen stillen und von dem Getümmel des städtischen Treibens abgelegenen Ort, Klosterbrüder, um daselbst fleißig und eifrig im Lobe des Herrn diesem unter dem Gesetz der klösterlichen Zucht zu dienen; zum Abt gab er ihnen einen gewissen Christian, einen Lehrer und Führer im klösterlichen Leben und in dem Gesetz des Herrn, wie es für diesen Orden paßte, wohl bewandert. Diesem gab er schriftlich nach seiner Weihe diese kurzen Verhaltungsregeln aus den westlichen Gegenden: „Bemühe dich das zu sein was dein Name bedeutet, damit du nicht zum Heiden herabsinkest. Sei standhaft in diesem Kampfe, damit die Zucht nicht, wie früher, verloren gehe; gieb Acht, daß man von Tugend zu Tugend fortschreite.

29. Niemals ergab er sich so ganz der Beschäftigung mit öffentlichen Angelegenheiten, zu denen ihn nicht sowohl Neigung als dringende Nothwendigkeit führte, daß er nicht bei einem für alles lebendig empfänglichen Geiste noch Zeit gefunden hätte, sich mit der Religion und vorzüglich dem Lesen abzugeben, worin er förmlich aufzugehen schien. Dasselbe zu thun, trieb er durch sein Beispiel und häufige Ermahnungen fast alle an, welche er vor Augen hatte. Ueber die aber, welche dazu nicht so große Neigung hatten, betrübte er sich sehr, und hielt sie, wenn auch sonst mit ihm vertraut, von dem stillen und heimlichen Ort seines Kummers fern, wo er sich freier und deshalb

vollständiger auszusprechen pflegte. Das Herz des edlen Mannes war überdrüssig des königlichen Aufwands[1] und der, besonders zu jener Zeit, bei Mächtigen üblichen Lustbarkeiten und Vergnügungen; wenn er daher den Seinigen zu Gefallen hin und wieder sich mehr gehen ließ als er für recht hielt, so betrauerte er diese so mäßige Ausschweifung meist mit vielen bittern Thränen. Er fürchtete das zeitliche und angenehme Leben und empfand es als bitter. Ueber ein Leben aber frei von aller Sorge und Trauer dürfte wohl keiner mehr nachgedacht haben, als der, welcher über dasselbe so oft vor seinen Freunden und vor dem ihm anvertrauten Volke auf das deutlichste sich ausgesprochen hat.

30. Als ein Jüngling noch und von Glanz und Pracht umflossen, hatte er Lust, ich wage es zu sagen, abzuscheiden, nur daß er ganz mit Christus eins wäre[2]. Daher seine häufigen Thränen, sowie fast fortwährendes Schluchzen, seine heimlichen Gebete, seine Seufzer, die man ihn selbst auf seinem Lager Nachts ausstoßen hörte, wie es diejenigen bezeugen, welchen er es nicht ganz verbergen konnte, obwohl er es wünschte. Wie oft vergegenwärtigte er sich die Stunde des Todes! wie oft strömten auch seine Lippen von dem über, des das Herz übervoll war! Wie oft haben wir ihn mit heftigem Seufzen das herbeiwünschen hören, was er doch nicht ohne banges Zittern kommen sah, daß er aus dem Schiffbruch in der Brandung dieser Welt glücklich in Gottes Gnade seine Zuflucht gefunden und an dem Gestade der wahren Rettung gelandet wäre. Er glaubte dann allem entrinnen zu können, wenn, wie den Tod, er alles hinter sich ließe, was von Reizen dieser Welt verlockend wäre.

Noch leben viele Zeugen seines Wandels; so oft sie ihn

---

[1] Regifici luxus, wie in Virgils Aeneide 6, 605 (Manitius).
[2] Philipper 1, 23.

im Geheimen, zerknirschten Herzens und demüthig gebeugten Geistes gesehen hatten, empfanden sie, daß es leichter war, diesen Mann zu bewundern als ihm nachzueifern. Auf das Einfachste wie ein Einsiedler lebte er, der Mann des Volkes, für gewöhnlich; und wunderbar zu berichten, unter fröhlichen Tischgenossen wußte er, nicht minder fröhlich, häufig Enthaltsamkeit zu üben. Weiche und feine Kleider, in denen er auferzogen war und die er bis zum Mannesalter getragen hatte, wies er selbst in den Palästen der Könige oft von sich; unter den purpurbekleideten Dienern und seinen von Gold strahlenden Kriegern ging er einher in niedrigem Gewand und bäuerlichen Schaffellen. Von seinem Lager war jede Bequemlichkeit, jede Ueppigkeit verbannt. Fast nie besuchte er das Bad mit den Uebrigen, die es benutzten, um ihre Haut weiß und glänzend zu erhalten: was um so mehr zu bewundern ist, da er von den Windeln her an größte Sauberkeit und königlichen Glanz gewöhnt war. So aber handelte er den Verhältnissen der Zeit und des Orts angemessen bald öffentlich, bald verborgen, um dem Ruhm bei den Menschen zu entgehen und dennoch den Untergebenen durch sein Leben zum Vorbild zu dienen. Denn viele werden durch Ermahnungen, weit mehr aber noch durch Beispiel gefördert. Sanften und Demüthigen gegenüber war niemand demüthiger als er, gegen Böse und Hochmüthige aber konnte niemand heftiger sein. Diese furchtbare Strenge, welche durch keine Darbringung zu mildern war, scheuten Einheimische und Fremde gleich sehr; und es pflegte in richtiger und gehöriger Ordnung jeder, zu dem der Ruf seiner Größe gedrungen war, ihn zuerst zu fürchten und dann lieb zu gewinnen.

31. Leichname der Heiligen, Reliquien und andere Denkmale sammelte er von überall her, um für die Seinigen mehr und mehr Gönner und Fürsprecher zu gewinnen und durch

diesen Ruf bei vielen Völkern diesseits und jenseits den Ruhm Gottes zu verbreiten. Für diese heiligen Gegenstände bereitete er mit vielem Aufwand und Glanz Orte der Verehrung und den nöthigen Dienerstand; davon wäre für jeden einzelnen Fall viel zu melden, wenn die versprochene Kürze es zuließe. Das sind Anzeichen unerschütterlichen Glaubens, der nicht seinen Vortheil, sondern den Ruhm Jesu Christi suchte. Mit welchem Fleiß, mit welchem Eifer, mit welcher Freude er den Stab und die Kette des h. Petrus[1], den einen von Metz, die andere von Rom nach Köln brachte, wissen alle; zu seiner Ehre erweiterte er das ihm gewidmete Gotteshaus auf herrliche Weise, daß es, vorher schon schön, nun als das schönste erschien. Die berühmten weltbekannten Märtyrer Patroclus[2], Elifius[3], Privatus und Gregor, deren Thaten wundersam, deren Verdienste ruhmwürdig sind, deren Schutz sicher und gewiß ist, außerdem, wie schon gesagt ist, die kostbaren Reliquien des Christophorus und heiligen Pantaleon, die er sich besonders als Patrone auserkor, brachte er wie die werthvollsten Edelsteine und theuersten Pfänder von vielen Orten mit großem Glanz nach dem heiligen Sitz seiner Kirche. Was der fromme Verwalter in Bezug auf die Uebertragung des seligen Evergisil, dritten Erzbischofs von Köln, gethan hat, ist allen bekannt[4]: diesen, der in der Kirche der heiligen Jungfrau Cäcilia unter Hymnen und Lobgesang zur Ehre Gottes beigesetzt wurde, verehrt das fromme Volk so, daß man glauben könnte, er selbst, leibhaftig anwesend, verschaffe sich durch große Spenden diese tägliche Feier.

32. Was er in so kurzer Zeit den Söhnen seiner Kirche

---

[1]) Ein Stück davon gab später Erzbischof Warin an Erzbischof Ekbert von Trier.
[2]) 959 vom B. Ansegis von Troyes erhalten und durch Bruno nach Soest übertragen.
[3]) Diese erhielt er von Bischof Gerhard von Toul.
[4]) 953 aus Tongern übertragen.

sonst für Genüsse bereitet und für Heilsgeschenke verliehen hat, kann nicht gezählt und nicht geschätzt werden. Fast aus allen Theilen und Gegenden der Erde sammelte er in heiligem Eifer und heiliger Liebe, gleichsam mit für die Zukunft sorgend, um bei der kurzen Dauer seines Lebens der ihm anvertrauten Herde ewige Güter zu hinterlassen. Mit diesem Streben bezweckte er aber vor allem, daß denen, welchen jene Güter entführt wurden, das Verlangen darnach, denen, welchen sie zugeführt wurden, die Freude daran gesteigert würde. So wurden beider Gefühle durch den guten Geruch Christi, welcher in den Märtyrern liegt, oder vielmehr der sie selbst sind, wenn auch auf verschiedene Weise erweckt, indem jene nun sehnlicher verlangten, was sie bisher verachtet hatten, diese dem hohe Verehrung zollten, was zu ihrer Freude ihr Eigenthum geworden war. Denn wer das Gute, was er besitzt, nicht zu lieben weiß, lernt oft das Gute, nachdem es ihm genommen ist, dadurch, daß es ihm fehlt, schätzen; und die Erinnerung an das Gute, wenn es fehlt, wird mehr fruchten, als da es besessen unbeachtet blieb. Auf diese Weise erfüllte sich das evangelische Wort[1]: „Denn wer da hat, dem wird gegeben werden und wird die Fülle haben, wer aber nicht hat, dem wird auch das was er hat genommen werden."

33. Inzwischen baute an vielen Orten in seinem Sprengel dieser treue und kluge Diener Gottes Kirchen, Klöster und andere Gebäude für den Dienst seines Herrn und die Ehre seiner Heiligen, theils von Grund aus, theils erweiterte er sie in großartiger Weise, wenn sie schon früher gegründet waren, oder stellte sie, wenn in Verfall gerathen, wieder her. In jedem aber bestimmte er Klosterbrüder, mit der ihm eigenen Einsicht und Vorsorge, welche Gott nach den Gesetzen des Klosterlebens dienen sollten, und sorgte auf das Freigebigste,

---

[1] Matthäus 25, 29.

daß nichts, was zu ihrem Unterhalt nöthig war, fehlte. Die Denkmale solches Strebens und so heilsamen Wirkens stehen für alle Zeiten an den Orten, wo sie begründet sind, so daß zum Lob und Ruhm Jesu Christi das Andenken des so großen Mannes, durch den Lauf der Zeiten ungetrübt, bis in Ewigkeit sich erhalten wird. Gleiche Gesinnung übertrug er auch auf fremde Völker und verbreitete sie in dem seiner Sorge anvertrauten Reiche theils durch Beispiel und eignes Wirken, theils durch Personen, deren Charakter und Eigenschaften er dazu für geeignet hielt, sowie durch häufige Ermahnungen. Denn er duldete nicht, daß einer der Seinigen sich unnütz beschäftige, noch auch, daß einer sich der Trägheit ergab, indem er meinte, um seine Worte anzuführen, daß das träge Vieh von der Krippe fern zu halten sei[1]; und wie das Wort des Apostels lautet[2]: „So jemand nicht will arbeiten, der soll auch nicht essen." Es kann nicht im Einzelnen all das Gute, was er gethan hat, was er gelehrt hat, was er so innig liebte, aufgeführt werden. Immer wird die Masse des Stoffs diejenigen, welche es unternehmen sollten, überwältigen, daß sie ermattet von ihrem Wesen eher werden abstehen müssen, als sie ihren Vorsatz ausgeführt haben. Wie groß, wie einzig er in der Predigt des Wortes Gottes, in der Kunst des Disputirens über den wahren Inhalt der heiligen Schriften dastand, das bewundern wir, aber wir können es nicht darstellen; mit solcher Fülle der Rede nach den heilsamen Lehren unseres Herrn Jesu Christi und solcher wahrhaft frommen Gelehrsamkeit erging er sich darin, daß niemand, der ihn mit rechtem Verständniß anhörte, bezweifeln konnte, er sei voll der Weisheit Gottes, durch die alles gemacht ist. Und um nichts, was sich auf Verehrung und Anbetung Gottes bezog unberücksichtigt zu lassen, forschte der scharfsinnige Beobachter aller der Dinge,

---

[1] Nach Virgils Aeneide I, 435. — [2] 2. Thess. 3, 10.

die auf Christum zeigen, ob innerhalb oder außerhalb der Schranken seiner Herde Menschen wären, die, um im Einzelkampf gegen den Teufel zu streiten, ein einsames Leben zu führen strebten. Diese nahm er mit aller Ehrfurcht auf, stärkte sie durch Ermahnungen und christlichen Trost und wies ihnen mit angemessenem Zeugniß der Kirche und frommem Amte, wie es sich ziemte, in den verschiedenen Klöstern und Kirchen Zellen an, bald einem, bald zweien zusammen, außer Rede und Anblick aber gewährte er diesen keine andere Gemeinschaft. Alles was zu ihrer Kleidung und dem durch unsere Schwachheit geforderten Unterhalt gehörte, ließ er für sie durch die treuesten Beamten seiner Verwaltung besorgen, und verlieh ihnen, besonders an den Festtagen der Apostel, so viele deren im Jahre vorkamen, passende Geschenke. So verwaltete er nach der deutlichen Vorschrift des Apostels[1] mit Sorgfalt die Gabe der Weisheit, nicht allein vor Gott, sondern auch vor den Menschen, so daß Menschen jedes Standes und jedes Geschlechts, wenn sie Gott suchten, als seine Schüler Stärkung und Belehrung finden konnten.

34. In Bezug auf die Mägde Gottes, welche im Kloster der heiligen Maria sich dem Dienste des Herrn widmeten[2], und die Kanoniker, welche er nach der Kirche des heiligen Apostels Andreas übersiedelte, sowie einzelne andere mehr hatten wohl manche starke Bedenken, aber nur solche, die nicht genug Geist besaßen, um seine reine Absicht bei allen seinen Handlungen hinreichend zu erkennen. Wenn diese bedächten, daß nicht die Menschen des Orts wegen, sondern der Ort der Menschen wegen von Gott erwählt ist, und daß Gott Gehorsam gefälliger ist denn Opfer, so müßte ihnen klar werden, daß die Schafe der Stimme ihres Herrn gehorchen sollen und

---

[1] Pertz bezieht das wohl mit Recht auf Römer 12.
[2] Diese Nonnen wurden von ihm nach Königsdorf versetzt.

daß das Gott angenehmer ist, was in Gehorsam, als was aus freiem Willen geschieht. Denn wo Neid und Hader ist, sagt der Apostel Jacobus[1], da ist Unordnung und eitel böses Ding. So handelte er auch darin nur zum Besten selbst derer, die das nicht erkennen wollten, daß er einige nichtswürdige Verderber des Vaterlandes und ihrer Mitbürger aus dem Reich, in welchem sie nicht ruhig und friedlich leben wollten, gleichsam als die Pest der Guten vertrieb. Denn je länger der Böse sündigt, um so schwerere und härtere Strafe wird er dann erdulden.

Wann aber würden die Guten Ruhe haben, wenn niemand der Wuth der Bösen widerstände? Sicher schonte Gott ihrer, um in seiner großen Gnade und Geduld ihnen zu gewähren, daß sie abwesend von dem Frieden und dem gesegneten Zustand des Vaterlandes hörten, den sie, als sie selbst noch im Vaterlande waren, nicht sehen wollten; glücklich für sie, wenn sie ihr Heil wenigstens in der Fremde erkannt und nach dem Reich gestrebt haben, aus dem sie nicht vertrieben werden konnten, wo alle Friedfertige in Freude leben, weil sie Kinder Gottes sind. So war dieser Mann durch die Gnade des allmächtigen Gottes, daß er weder von Haß oder Neid in irgend einer Weise getrieben wurde, solche Leute zu verfolgen, noch durch Härte oder Grausamkeit abgehalten wurde, Mitleid und Schonung mit den Elenden zu haben, sondern wie ein sorgsamer Hirt und wahrer Führer des Volkes Gottes sah er in allen Dingen auf das Heil und den Nutzen der Gesammtheit; und mit allem Eifer wachte er darüber, daß nicht diejenigen, welche er selbst den Weg Gottes geführt und gelehrt hatte, von schlechten Menschen wiederum verführt und zum Irrthum fortgerissen wurden. So fern aber lag ihm Grausamkeit, daß er um diejenigen, welche er für ihre Thaten hart strafen

---

[1] Jacobus 3, 16.

mußte, selbst oft bitterlich weinte; so sehr war er gewohnt, mit den Fröhlichen fröhlich, mit den Traurigen traurig zu sein[1]. Denn auch der, von welchem diese Worte herrühren, hat doch befohlen, Jemand dem Satanas zum Verderben des Fleisches zu übergeben, damit die Seele einst am Tag Gottes gerettet werden könne[2].

955   35. Da aber der Tag und die unvermeidliche Stunde schon nahe war[3], wo der allmächtige Gott in gnädigem Erbarmen mit der Menschheit, das Blut seines Volkes zu rächen die Rache seiner Diener wider ihre Feinde wandte, erhob sich noch einmal unerträglich und über alles Maaß der Hochmuth des wilden Ungarnvolkes, aufgeblasen, wie ich glaube, durch des vorigen Jahres Erfolge. Aber wie so wahr gesagt ist[4]: „Vor dem Untergang jauchzt das Herz," so fielen sie alle dem Verderben anheim, welche Unrecht verübten[5]. Ehe diese entsetz-
Dezbr. liche Plage hereinbrach, war der Frieden der Kirche auf dem
954 königlichen Placitum, das zu Arnstadt gehalten wurde, neu gegründet und durch unseres Kaisers und seiner Brüder Weisheit befestigt worden. Und in der That, alle Stämme und Völker mußten erkennen, daß der Herr kein Gott des Streites, sondern des Friedens ist[6]; denn solches Heil hat er seinem Volk beim Beginn des Friedens bereitet. Der Kaiser aber war in Sorgen, daß er nicht Zeit genug hatte, ein großes Heer zu sammeln, aber er hatte Vertrauen auf Gott durch Christus, der zu retten vermag mit wenigen wie mit vielen[7]. Auch Kuono war anwesend, nicht als Herzog, sondern als einfacher Kriegsmann, mit ganzer Seele, wie man glaubte für den Frieden gewonnen, den er kurz vorher so trotzig bekämpft hatte, seinen Leib mit härenem Gewand kasteiend und Gott,

---

[1] Römer 12, 15. — [2] 1. Korinther 5, 5. — [3] Aeneide 2, 324 (Dümmler).
[4] Sprüche Salomonis 16, 18. — [5] Psalm 5, 7. — [6] 1. Korinther 14, 33.
[7] 1. Samuelis 14, 6.

wie man sagt, unter Seufzern und Schluchzen anflehend, daß
sein heiliger Wille es so fügen möge, daß, nachdem unser Kö=
nig und sein Heer den Sieg davongetragen hätten, er durch
diese Gottlosen, mit denen er früher sich zum Verderben ver=
bündet hatte, seinen Tod fände, um dadurch auf ewig von
dieser Gemeinschaft befreit zu sein. Der Kaiser aber ließ an
der Vigilie des heiligen Märtyrers Laurentius, welche damals
stattfand, ein Fasten gebieten, damit durch seine Fürsprache 9. August
angegangen Gott ihm, dem Kaiser, und seinem Volke Schutz 955
und Hülfe angedeihen lassen möchte. Der Plan meines Wer=
kes verbietet, den Kampf ins Einzelne zu verfolgen; zu er=
zählen, wie er mit der ersten Dämmerung des heiligen Tages 10. August
begann, und wie noch vor Abend durch Gottes Gnade, der
für die Seinen stritt, der Sieg gewonnen ward; dann weiter
zu berichten von dem beklagenswerthen Tod Kuonos nach dem
Sieg, dem ruhmreichen Triumph des Kaisers, der Gefangen=
schaft des Königs, der Herzöge und Fürsten der Ungarn und
allen den Siegeszeichen[1], die über das ganze Reich bis zu den
Grenzen jenes Volks zahlreich verbreitet sind; dies alles er=
wartet zum Lob und Ruhm des allmächtigen Gottes seine
eigene Darstellung.

36. Wir aber kehren nach dieser Abschweifung zu unserm
Vorwurf zurück und wollen berichten, was unterdeß der fromme
Erzbischof Bruno, der Feind aller Bosheit und der unermüd=
liche Vollstrecker der Gerechtigkeit, gethan hatte. Da er sah, daß
er zum bestimmten Tag seinen Herrn und Bruder, den großen
Kaiser, mit Hülfstruppen nicht mehr erreichen könnte, und zu=
gleich in Sorge war, daß nicht etwa die Barbaren, die Schlacht
vermeidend, sich nach Gallien, der seiner Leitung anvertrauten
Provinz würfen, so begab er sich — indem er meinte, auf

---

[1]) Trophaea. Wie Dümmler richtig bemerkt, ist es nur ein bildlicher Ausdruck
für die siegreichen Kämpfe gegen die flüchtenden Barbaren.

diese Weise dem Reiche den größten Nutzen zu verschaffen und
die Wünsche des Kaisers besser zu erfüllen — zu einer Zu=
sammenkunft mit dem Sohne des Kaisers, Liudolf, seinem
Neffen, besänftigte die Bitterkeit seines Herzens durch freund=
liche und liebe Worte, süßer denn Honig, und versprach die
Wiederherstellung der alten Verhältnisse, wenn er (Liudolf)
seinen Pflichten besser wiederum nachkommen wollte. Als Bruno
sah, daß die Heilmittel der Reden und Ermahnungen nicht,
wie früher, unter allen möglichen Vorwänden zurückgewiesen,
sondern begieriger denn gewöhnlich angenommen und wohl be=
herzigt wurden, lud er ihn bald nach einem ehrwürdigen Ort
seines Bisthums, Bonn nämlich, ein, hieß ihn mit Freuden
daselbst willkommen, bereitete alle seiner wie Liudolfs würdige
Freuden und Genüsse, und wußte allen, welche zugegen waren,
eingedenk seiner königlichen Würde, ein äußerst angenehmes
Leben zu verschaffen. Als sie hier noch beisammen waren, er=
hielten sie Nachricht von dem, was im Kriege wider die Un=
garn durch kriegerische, ja göttliche Kraft ausgerichtet worden
war. Der Oheim aber sorgte dafür, daß sein Neffe noch
mehr getröstet wurde. Denn auf Zureden dieses Rathgebers
geschah es, daß der Kaiser seinem Sohne, der verloren war
und den er nun wiedergewonnen hatte, ganz Italien übergab
und ihm, was noch viel mehr war, im vollsten Maße seine
väterliche Liebe wieder zuwandte. Als er aber die Freude und
der Stolz des Volks geworden war und den Weg zum Olym=
pos hinaufschritt[1], da sank plötzlich jene süße Blume und jener
feste Hort des Reichs. Sein Vater aber, der Kaiser und
immer hochherzige Sieger, knüpfte, nachdem er für die Trauer
Trost gefunden, das alte einige Verhältniß mit dem Bruder
durch neues Zusammenleben wieder an; er ging nach Köln
und erfreute sich hier ebenso der zärtlichen Liebe seines Bru=

---

[1] Nach Virgil, Georg. 4, 562 (Dümmler).

ders wie des häufigen Anblicks, der vielen Unterredung und des ganzen wohlthuenden Verkehrs mit ihm.

Auch erging jetzt gegen einige böse und schädliche Bürger des Reiches schweres Gericht, sowie die Guten und Friedfertigen sich der reichlichen Gnade des frommen Herrschers zu erfreuen hatten. Ueber den Zustand des Reichs, seine Sicherung und Erweiterung wurde viel und sorgfältig Rath gepflogen, auch mit größter Vorsicht dafür gesorgt, die vielen Wunden und Schäden aus vergangener Zeit zu heilen oder zu tilgen.

37. Inzwischen forschte der fromme Hirt Bruno, der Verkündiger der Wahrheit und Verbreiter des Evangeliums, mit immer gleichem Eifer nach strebsamen und thätigen Männern, welche das Reich, jeder an seiner Stelle, durch Treue und Kraft schützen und bewahren sollten. Dann sorgte er auch dafür, daß es ihnen weder an gutem Rath, noch an Mitteln fehlte. Alle Fürsten und Machthaber seines Gebiets, sowie alle übrigen, denen die Sorge für das Reich anvertraut war, und die sich auf seine heilsamen Ermahnungen hin in vollem Glauben zum Bündniß für das allgemeine Beste der Guten vereinigt hatten, ehrte er aufs höchste, machte sie zu seinen Vertrauten und gewann vor allen für sie den Kaiser, seinen Bruder; indem er das Wort des Weisen nicht unberücksichtigt ließ, da er sagt[1]: „Der Gute, wenn du ihn vernachlässigst, wird träger, der Schlechte aber verderbter werden." Den Erzbischof von Trier, Heinrich, einen Mann von großem Verdienst und großer Rechtschaffenheit, welcher dem Erzbischof Rutbert, da dieser zu Köln, als auch der Kaiser daselbst sich aufhielt, an der verheerenden Pest gestorben war[2], im Amte folgte, den Archimandriten Wilhelm, einen berühmten und ausgezeichneten Mann, seinen Neffen, den Nachfolger des Bischofs Friedrich von Mainz, beide vorzügliche Männer, der eine dem Kaiser

---

[1]) Sallusts Jugurtha, Kap. 31. — [2]) Am 18. Mai 956.

durch Verwandtschaft, der andere durch Tugend, beide durch Freundschaft eng verbunden, schätzte und ehrte auch er mit großer Ergebenheit. Diese so hervorragenden, so weisen und frommen, in allen Wissenschaften hochgelehrten Männer zog er oft zu Rathe, damit er nicht seinem Urtheil allein folgend in menschlicher Schwäche irgend von dem Pfad der Wahrheit abwiche. Und diese haben wir nicht nur im Lesezimmer, beim Rathe und in gelehrten Unterhaltungen, sondern auch im Kampfe mit ihm verbunden gesehen, indem sie das Gute nicht nur vor Gott, sondern auch vor den Menschen zu befördern strebten; denn es war in den westlichen Gegenden des lothringischen Reiches eine gleichsam ungebändigte thörichte Wuth in den eigenen Söhnen der Kirche, anderer Glück beneidend und eigenem Heil entgegenarbeitend, voll Verachtung für die sanften Mittel väterlicher Ermahnung und ohne Furcht selbst vor der höchsten Gewalt. Wenn diese ihrer eignen Leitung und Regierung überlassen worden wären, würde den Ihrigen, noch mehr aber endlich ihnen selbst ihre Bosheit klar geworden sein. Er aber machte auf höchst kluge Weise von seinem Vorrechte Gebrauch in der Weise, daß er nach Maßgabe der Zeit und des Orts bei Besetzung der Priesterstellen, nach der Vorschrift unseres so weisen Kaisers für den Frieden und die Ruhe der Herde Sorge tragend, diejenigen beförderte, welche wohl wußten, was die Pflicht des Hirten sei, was der Fehler des Miethlings, was sie in dem übernommenen Amt, was in der Bedrängniß zu thun und zu lassen[1] hätten; andere wiederum beförderte, um gleichwie die hyacintfarbenen Vorhänge des Allerheiligsten dem Hause Gottes zum Schmuck zu gereichen, und noch andere, um als Decken von Ziegenhaar nach außen gegen die Gewalt der Stürme zu schützen[2].

---

[1] Mit Giesebrecht, Gesch. d. Kaiserzeit (4. Aufl.) I, 830 lese ich spernendum statt sperandum. — [2] Nach 2. Mose 26, 1 und 7.

38. Es wird hier der rechte Ort sein, eine fromme und lobenswerthe Handlung dieses frommen Hirten zu erwähnen, die er gleich im Anfang seines Hirtenamts verrichtete, um für die Trauer und für den Geist der Trübsal in den Gemüthern der Bedrängten die Hoffnung auf Besseres zu erwecken; mag auch diese That, weil nur wenige die wahren Gründe erkannten, der Verläumbung reiche Ausbeute geboten haben. Denn was entstellt nicht der Neid, des Wahnsinns ärgste Form? Als nämlich Rather, Bischof von Verona, einer Stadt in Italien, eines unbedeutenden Verdachts wegen, wie das dort zu geschehen pflegt, seiner Würde beraubt worden war, bewirkte Bruno mit eifriger Bemühung, daß er den leeren Stuhl der Lütticher Kirche nach den kanonischen Gesetzen erhielt[1]. Und dies gereichte, wie man meinte, wegen der ausnehmenden Gelehrsamkeit und bewunderungswerthen Beredsamkeit, durch welche sich dieser Mann auch vor den größten anderen Gelehrten auszeichnete, nicht allein der eignen Kirche, sondern auch vielen andern rings umher zum Vortheil. Weil nämlich in jenen Gegenden durch Eifer und Streit, aus denen jede Treulosigkeit und jedes schlechte Werk hervorzugehen pflegen, auch einige Priester des Herrn, mehr, was auch nur zu sagen böse ist, auf die weltliche Macht als recht war, sich stützend, das unerfahrne Volk ärgerten, so glaubte der oft genannte und noch oft zu erwähnende Herr Bruno, welchem die Regierung über das ganze Reich übertragen war, wie es auch wirklich der Fall war, daß jener vertriebene und mißachtete Mann durch eine solche Wohlthat für jenes Bündniß des Glaubens und der Wahrheit gewonnen werden würde, so daß er von niemand diesem abgewandt werden könnte, und so würde endlich die böse Zunge der feindseligen Redner zum Schweigen zu bringen sein, wenn an ihrem Bischof kein An-

---

[1] 953 an Stelle des am 28. August gestorbenen Farabert.

laß zum Aergerniß gefunden werde. Aber zu ihrem eignen Verderben siegte die Partei der Schlechten; was zu ihrem Heil und zu ihrer Rettung geschehen war, das meinten sie würde ihr Verderben sein. Doch machen wir die Sache kurz: man fehlte, übte Gewaltthat, ließ nicht ab, bis der Bischof als Opfer ihrer Grausamkeit und Bosheit weichen mußte. Alle Hoffnung, ihn wieder einzusetzen, schwand, denn es bildete sich eine große Verschwörung, die nicht anders beigelegt werden zu können schien, als daß jener gänzlich entfernt und an seine Stelle Baldricus, der Sprößling eines edlen Geschlechts jener Gegend, gesetzt wurde. Zahllose Stürme wühlten von allen Seiten in diesem Auswurf; das Schiff der Kirche schwankte, so sehr auch die Ruderer sich abmühten; der Steuermann selbst konnte der Heftigkeit des furchtbaren Ungewitters nicht widerstehen. Er wich daher; er gab nach, damit er nicht vom Bösen besiegt würde, sondern im Guten das Böse besiegte; er wich dem Willen der Gegner, um mit ihrem eignen Schwerte sie zu treffen. Freiwillig leisteten sie jetzt den Eid, daß, wenn sie jetzt den Bischof, welchen sie forderten, erhielten, sie fernerhin in unerschütterlicher Treue das Ansehen der Kirche und Recht des Kaisers wahren und aufrecht erhalten würden. Damit aber in dieser Angelegenheit nicht irgend ein Mangel bliebe, welcher denen, die sich allzu genau um fremde Angelegenheiten kümmern, Anstoß erregen könnte, so bewirkte er in Gemeinschaft mit seinem Bruder, dem Kaiser, daß dem schon zweimal entsetzten Bischof Rather seine alte Würde in der Veroneser Kirche zurückgegeben wurde.

39. Viele andere, ja unzählige ausgezeichnete Thaten verrichtete er mit größter Thatkraft in kurzer Zeit nicht allein unter dem Volk der Lothringer, das er vollständig zu regieren übernommen hatte, und das er, wie man jetzt sehen kann, aus einem wilden und rohen Volke zu einem friedfertigen und sanft-

müthigen gemacht hat, sondern auch im ganzen Umfang des
Reiches seines glorreichen Kaisers zur Ehre Gottes und zum
Heil des ganzen Volkes. Denn in allen Dingen theilte er
die Sorge mit seinem Herrn und Bruder, und beide rühmten
sich mit Recht einer des andern in dem Herrn. Außerdem
beschützte und erhob er mit wunderbarer Kraft Lothar, den
Sohn seiner Schwester[1], aus altköniglichem Geschlecht, welcher
von seinen Vettern[2] bedrängt wurde; und er ließ nicht nach,
bis er ihn an Stelle seines Vaters zum König gesetzt und die
Söhne Hugos, welche größer und mächtiger waren als er, und
alle Fürsten jenes Reiches seiner Herrschaft unterworfen hatte;
so für alle sorgend, damit unter der Regierung eines Kaisers
alle gleich sicher vor Feinden und untereinander in Frieden
leben könnten.

40. Eine schwere Plage aber lastet auf jenem Reich, von
der ich nicht schweigen darf, das Volk der Nordmannen, denen
an Geschicklichkeit in Seeräuberei niemand gleichkommt. Diesen
war schon zum großen Theil das an Zwietracht und häus=
liches Elend gewöhnte Volk als Beute anheimgefallen. Was
noch übrig geblieben war, ging unter in heimischen Kämpfen.
Unser umsichtiger Leiter aber, der, weil er wußte, daß er ein
Mensch war, nichts menschliches von sich fern glaubte[3], traf
solche Einrichtung, daß alle, welche Ruhe und Frieden liebten,
zu ihm wie zu einem sichern Hafen flüchteten. Auch bändigte
er sogar die Unmenschlichkeit und kaum mehr erträgliche Grau=
samkeit der Barbaren. Denn um diese Zeit unterwarf sich
König Harold mit einer großen Menge seines Volkes dem
König der Könige Christus und verließ den eitlen Götzendienst[4].

41. Der Kaiser besaß einen noch ganz jungen Sohn[5], von

---

[1] Gerberga, Gemahlin Giselberts von Lothringen und nach dessen Tod König
Ludwigs IV von Frankreich. Dieser starb 954.
[2] Den Söhnen Hugos des Großen. — [3] Nach Terenz, Heaut. I, 1, 25.
[4] Um 965. — [5] Otto II, geboren 955.

zartem Wesen und seine ganze Freude, der Bürge des Friedens und der Ruhm des Volkes. Diesen hatte der Kaiser den Erzbischöfen, seinem Oheim und seinem Bruder, zur Behütung des Reiches diesseits der Alpen anvertraut, als er nach Rom ging, um die Angelegenheiten Italiens zu ordnen. Er, der selbst jetzt Kaiser[1] werden sollte, setzte ihn, nachdem alles Volk ihn mit größter Einmüthigkeit erwählt hatte, zum König ein, und es salbten Otto, den Sohn, der des Vaters Namen trug, Erzbischof Bruno, Wilhelm und Heinrich und die übrigen Priester des Herrn im Palast zu Aachen, und das Volk jauchzte und rief: „Es lebe der König in Ewigkeit." Dann aber schieden die beiden Brüder von einander, das unüberwindliche Paar; und während der Kaiser die Penninischen Alpen überschritt, blieb diesseits, hochgeachtet und von beiden Seiten mit unbeschreiblicher Liebe ersehnt, der fromme Hirt und Erzbischof Bruno. Nicht lange darauf schickte er seinem Herrn und Bruder, da er selbst nicht kommen konnte, schwere Reiterei von den Lothringern als Hülfstruppen zu. Ihr Führer war Herzog Godefrid, den er selbst erzogen hatte, ein weiser und frommer Mann, der den Frieden liebte, Gerechtigkeit übte, dem Kaiser treuen Gehorsam leistete und bei allen beliebt war. Aber vom Fieber ergriffen, ging er bald darauf zur großen Hoffnung künftiger Ruhe ein. Ueber die Unschuld dieses Mannes sicher, als Zeuge und Kenner seines Lebens, sagte der fromme Vater Bruno, als von dem Gelde die Rede war, das zum Erlös seiner Seele gegeben werden solle, dieser bedürfe desselben nur wenig. Tag und Nacht aber sah der Bruder der Rückkehr des Kaisers mit Sehnsucht entgegen; und als er nun strahlend in Glanz und Ruhm wiederkehrte, eilte er ihm freudig entgegen[2]. Denn ausgezeichnet war dessen

---

[1]) Caesar, während er ihn schon vorher imperator nennt.
[2]) Er traf ihn an Mariä Lichtmeß, 2. Februar 965, in Worms.

Tugend, Würde, Treue und Enthaltsamkeit bei der Aufgabe, welche er gelöst hatte, und zugleich glaubte er, daß mit Otto die Hoffnung des Friedens, mit der Ruhe der Gemüther Recht und Gesetz, mit der Eintracht des Volks das Ansehen des Königs und der Fürsten wiedergekehrt sein würde. An allen seinen Berathungen, da er selbst Tag und Nacht auf nichts anderes als das Wohl des Volkes dachte, nahm Bruno Theil und glänzte unter den Vorzüglichsten. Er war des Kaisers weisester Rath, sein treuester Genosse, sein stärkster Helfer bei dem großen Werke der Begründung, Erhaltung und Vollendung des Reichs.

42. Als der Kaiser nun im dreißigsten Jahr dieses seines gottgefälligen Strebens, sein Bruder, kaum vierzigjährig, im zwölften seiner Bischofswürde stand, feierten sie das heilige Pfingstfest zusammen in Köln; und es war ein höherer Glanz für sterbliche Menschen nicht denkbar, als da sie, gegenseitig sich beglückwünschend[1], bei der heiligen Feier dieser festlichen Tage zugegen waren mit der hehren Mutter, der Schwester der Königin[2], den königlichen Neffen und Söhnen[3], jener ganzen Gott theuren Familie und allen Großen des Reichs. Es steht fest, daß kein Ort jemals durch solche Feier, durch solchen Ruhm der an ihm versammelten Menschen jeglichen Geschlechts, Alters und Ranges verherrlicht wurde. Diese Verbindung des ruhmreichen Cäsar Augustus und seines Bruders, des hohen und unvergleichlichen Erzbischofs Bruno, Gott in allem Willen und Wirken treu und werth, dieses verbundene Streben alles zu Nutzen und in Ehren zu regieren und auszuführen, diese heitere Gemeinschaft des Lebens und aller Geschäfte trennte allein der grausame Tod, der furchtbare Tod, nur allein der Tod.

965
14. Mai

---

[1]) Das fehlende congratulantes ergänzt Dümmler, Otto I, S. 372, mit Benutzung der Worte bei Sigebert.

[2]) Die Königin Gerberga war mit ihren Kindern gekommen.

[3]) Lothar von Frankreich und Otto II.

965 Und obgleich es nichts schrecklicheres geben konnte als diese Trennung, so gab es doch wieder nichts unschuldigeres als den Tod, was sie hätte von einander scheiden können.

43. Als nun der hohe Priester die Gemeinschaft mit dem nach Osten zu sich wendenden Herrn und Bruder nach Küssen und reichlichen Thränen verlassen, und alles innerhalb der ihm anvertrauten Marken des Reichs, Gott dankend, ruhig und in Frieden gefunden hatte, ermahnte er wieder und immer wieder alle die Seinigen, Geistlichkeit und Volk, über das, was sie zu thun hätten; dann begab er sich westlich nach Compendium, um seine in Zwiespalt gerathenen Neffen zu versöhnen, in Treue und Liebe zu befestigen, der Kirche ihren Dienst, dem König seine Ehre, und jedem einzelnen was nach Recht und Gesetz ihm zukam, mit Gottes Hülfe zu sichern und festzustellen.

Noch mit diesem Werk beschäftigt fing er an zu kränkeln; in der Stadt Reims von heftigen Schmerzen überfallen, erlag er endlich am fünften Tage, nachdem er von ihr ergriffen worden war, der Krankheit. Während dieser Tage, auf der Reise nicht minder als am Ruheort, stärkte er sich durch anhaltendes Lesen, nahm aber fast gar keine Speise zu sich. Von dem Bischof Wicfrid[1] aber, wie dieser selbst bezeugt, im Vertrauen befragt, an welcher Krankheit er leide, erwiederte er, es wäre keine Krankheit, sondern die Auflösung seines Leibes. Der Bischof jener genannten Metropole[2] aber nahm ihn auf das Würdigste bei sich auf und pflegte ihn auf das Sorgsamste; und

1. Ott. am Feste des heiligen Remigius, welches damals fiel, besserte er sich ein wenig, so daß seine Pflegebefohlenen und Genossen Hoffnung für seine Erhaltung schöpften. Er aber ließ die mit ihm gekommenen Bischöfe Theoderich[3] und Wicfrid zu sich rufen und bat sie, ihm die Mittel zu verschaffen, daß er sein

---

[1] Von Verdun. — [2] Odelrich. — [3] Bischof von Metz.

Testament machen könne, und dabei ihm hülfreich zu sein. Als sie schmerzlich bewegt und unter Thränen solche Gedanken zurückwiesen, indem ja sein Gesundheitszustand ohne Zweifel sich in kurzem bessern würde, erwiederte er mit jener Kraft des Geistes, die ihn immer auszeichnete: „So lange es Zeit ist, soll es geschehen; nach diesem wird uns noch manches Andere zu thun übrig bleiben." Seine Krankheit aber nahm immer mehr zu, und schon zeigte der Athem bei erschöpfter Lunge die geringe Lebensfähigkeit des Körpers. Darauf wurde ein Notar gerufen, und diesem dictirte er vor den genannten Zeugen selbst sein Testament; alles dessen, was er besaß, entäußerte er sich, während er noch immer Hoffnung auf Erhaltung hegen konnte, vertheilte es, schenkte es den Armen[1]; und was er zur Aufführung der verschiedenen Gebäude zum Dienst Gottes gehörig gesammelt hatte, vertheilte er nach der ihm verliehenen Weisheit durch bestimmte und besonders gesicherte Clauseln passend und würdig. Wer es aber lesen will, kann es unten aufgezeichnet finden. Sein Geist, den er durch Gottes Gnade durch Reinheit des Herzens und fromme Uebung geläutert und herrlich ausgebildet hatte, verließ ihn, wie aus seinen Worten ersichtlich ist, auch nicht in den letzten Augenblicken.

44: Hierauf berief der Arme Christi, noch einmal die ganze Kraft seines Geistes sammelnd, die Bischöfe zu besonderer Unterredung. Als diese Platz genommen hatten, redete er unter häufigem Schluchzen und heißen Thränen diese Worte zu ihnen: „Drei Arten von Bekenntniß scheint es mir zu geben, in denen sich das Herz des Menschen seinem Herrn und Gott, dem Kenner der Nieren und Ergründer der Herzen, erschließt, nicht um ihm, der alles weiß, offenbarer zu werden, sondern damit derjenige, welcher sich zu wenig kennt, bessere

---

[1] 2. Korinther 9, 9.

Erkenntniß von sich erhalte und entweder Gott für gethanes Gute lobe oder sich wegen Sünde und Missethat anklage. Wenn dies aber immer geschehen soll — denn es ist uns geboten zu wachen, damit nicht der Dieb komme und uns, da wir schlafen, überrasche[1] — so besonders wenn der Herr an die Thür klopft durch Krankheit und körperliches Leid, wird es nöthig, daß der Geist mit aller Kraft, die er besitzt, sich aufraffe, mit aller Anstrengung zu dem nahenden Richter emporstrebe, mit Erstickung irdischer Begierden seine Hoffnung auf das Ewige richte, an der ewigen Gnade, wenn sie auch unverdient ist, nicht verzweifle, ohne Vertrauen auf sich selbst, aber voll Vertrauen auf Gott. Wie ihr nun seht, geliebte Brüder, wird jetzt an der Thür meines Herzens geklopft; ich werde gerufen Rechenschaft abzulegen für meine Handlungen. Wenn ihr es vermögt, so bitte ich euch, leiht mir euren Beistand, reicht mir die Hand eures Gebetes. Ungewiß schwanke ich zwischen Furcht und Hoffnung, das aber ist die Aufgabe, mich nach keiner Seite hin fortreißen zu lassen; aber welcher Art sind meine Kräfte? ich warte auf das Mittel der Gnade, ich bin in den Händen meines Schöpfers: ich erwarte in Ruhe, daß er mit mir mache was ihm gefällt. Es ist gut, Gott zu beichten. Bekenntniß und Herrlichkeit sind sein Werk[2]. Denn nichts Gutes kann geschehen ohne sein Zuthun. Es giebt aber eine gewisse Art des Bekenntnisses, die das Verschuldete nicht beklagt, aber dennoch Gottes Erbarmen anruft; von ihr sagt Gott durch den Mund des Psalmisten[3]: ‚Wer Dank opfert, der preiset mich, und das ist der Weg, daß ich ihm zeige das Heil Gottes'. Dieses Heil, das ist Jesus Christus, bekenne ich laut mit dem Munde, und glaube mit dem Herzen, daß

---

[1] Matthäus 24, 42. 43.
[2] 1. Chroniken 16, 27, abweichend von Luthers Uebersetzung.
[3] Psalm 50, 23.

Gott ihn von den Todten auferwecket hat. Hier sind alle Schätze der Weisheit und des Verstandes verborgen. Diesen unsern Herrn Jesus Christus kann niemand nennen, es sei denn im heiligen Geiste; nach ihm ist all' mein Begehren und mein Seufzen ist ihm nicht verborgen. Ich habe gesagt: ‚Ich werde dem Herrn meine Uebertretung bekennen'[1], das ist die zweite Art des reuigen Bekenntnisses unserer Sünden. Die dritte Art, welche der selige Apostel Jacobus empfiehlt, da er sagt[2]: ‚Bekenne einer dem andern seine Sünden und betet für einander, daß ihr gesund werdet', dieses dritte Bekenntniß will ich euch, meine Herren und Brüder, ablegen und meine Seele verlanget ernstlich darnach. Ich hoffe aber, daß wir beim Vater Jesus Christus, den Gerechten, zum Fürsprecher haben werden, und er selbst ist die Versöhnung für unsere Sünden." Nachdem er so sein Herz ganz vor Gott ausgeschüttet hatte; bat er um das heilige Sakrament des Leibes und Blutes des Herrn, dessen herrliche Kraft er wohl kannte. Als es ihm gebracht wurde, zeigte der Mann Gottes, indem er mit dem ganzen Körper vor dem Heiligthum sich niederwarf, von welchen Gefühlen seine Seele bewegt war. Mit dieser Speise des Lebens erquickt, legte er, gestärkt in der Hoffnung, sich wieder zu Bett und brachte darauf noch fünf Tage in demselben leidenden Zustande des Körpers und gleicher geistigen Erhebung zu.

45. Als aber der festliche Tag der seligen Märtyrer Gereon und seiner Genossen sich schon neigte, trat plötzlich eine starke Ohnmacht ein, und die anwesenden Bischöfe, Herzöge, Grafen und anderen alle wurden von heftigem Schmerz ergriffen, da sie glaubten, daß die Auflösung des geliebten Mannes jetzt bevorstehe. Nach und nach zu sich kommend, beschwichtigte der Kranke mit der Hand, wie er zu thun pflegte,

---

[1] Psalm 32, 5. — [2] Jacobus 5, 16.

die Aufregung, suchte Seufzer und Thränen der Anwesenden zu stillen und sprach, indem er die Aelteren und dieser letzten Ansprache würdigsten bei Namen zu sich heranrief: „Laßt euch nicht, meine Brüder, durch dieses mein Geschick betrüben; dieses Loos ist nach Gottes Gericht jedem Sterblichen auferlegt; und es ist nicht erlaubt, gegen das zu murren, was Gott als unvermeidlich festgesetzt hat. Der Trauer folgt in Bälde Freude. Ich gehe, nicht in neuem, aber in herrlich verklärtem Wesen, dahin, wo ich alsbald weit mehr und weit bessere Männer sehen werde, als ich hier je gesehen habe." Hierauf sprach er nichts mehr, sondern ließ seine müden Glieder auf dem Bette ruhen. Bald nachher aber, als es noch Tag war, verrichtete er mit den Brüdern die Vesperandacht und in tiefer Nacht das Schlußgebet; seinem Herrn und Gott und den Fürbitten der Heiligen empfahl er sich wie zur Reise noch angelegentlicher denn gewöhnlich; und für den Weg rüstete er sich mit dem Reisebedarf aus, der nie ausgeht, dem heiligen und einzigen Pfande unserer Erlösung; dann segnete er die Bischöfe, sich selbst und alle die zugegen waren. So erwartete er die furchtbare Stunde seines Todes, den Geist auf das Gebot seines Schöpfers gerichtet. Und nach Mitternacht rief er mit aller Anstrengung seinem Neffen, dem Bischof Theoderich zu: „Bete o Herr!" und unter den Lobgesängen zur Ehre Gottes, den Gebeten und dem Schluchzen der Anwesenden hauchte er alsbald seinen Geist aus. Was in ihm nicht sterben konnte, kehrte zum Schöpfer zurück; den leblosen Körper aber legten, wie er noch lebend verordnet hatte, seine Begleiter an demselben Tage, das ist am 11. Oktober, auf eine Bahre und trugen ihn unermüdet, bis sie nach acht Tagen in der hohen Metropole seines Sprengels, Köln, ankamen. Und einige von den Trägern versichern noch jetzt eidlich und mit den höchsten Betheuerungen, daß sie auf dieser langen Reise fast gar keine

Müdigkeit oder Beschwerden unter so großer Last empfunden hätten. Woher sie aber kamen, wohin sie gingen, welche Länder und Völker sie berührten, überall priesen alle, jeder nach seinem Vermögen, dieses Gott würdigen Mannes ausgezeichnete Verdienste um den Staat, um den Kaiser, um die Könige, um die Fürsten und das ganze Volk.

46. Als aber dieser Leichenzug sich Köln näherte und das traurige Gerücht hiervon sich durch ganz Lothringen verbreitete, da wurden alle von solchem Schmerz ergriffen, besonders aber die Zöglinge jener heiligen Kirche, gleich als wäre der Tod dieses Hirten zugleich der Untergang für seine Kirche, denn so groß und reich der Trost gewesen war, welchen er früher geschenket, so groß und gewaltig war jetzt der Schmerz. Alle weinten in bitterem Schmerz, bis die Thränen endlich versiegten. Viele erstarrten wie vom Schlage gerührt und vergaßen bei dem Elend dieses großen Verlustes das eigne Leben. Vor allem aber ergab sich der Klage und den Thränen, noch mehr aber dem innern Schmerz, der, welcher diesen Vater des Vaterlandes vor allen liebte, der Diacon Folkmar, ein Mann von bewunderungswerther Tugend und Tüchtigkeit, von dem Vater, der ihn als seinen Stellvertreter und vertrautesten Genossen bei allen Geschäften benutzte, mit dem Namen des Vorstehers und Verwalters seiner heiligen Kirche beehrt; und auf ihn allein waren damals aller der Verwaisten Augen und Herzen gerichtet, durch deren Willen und Wunsch er schon zum Bischof erwählt, wenn auch noch nicht eingesetzt war. Diesem, obgleich abwesend, hatte der fromme Vater, da er ihn kannte und die künftige Nachfolge wohl schon ahnend, ernstlichst all' sein Eigenthum überwiesen, damit es von ihm an die Armen und an die Kirchen des Bisthums vertheilt würde.

47. Es liegt vor den Mauern der Stadt eine Kirche, klein und gering von Ansehen, aber groß durch den Namen

der Apostel, deren Verehrung sie gewidmet ist; hier wurde der Leichnam des Erzbischofs, geschmückt mit den Zeichen seiner Würde, beigesetzt; nur wenigen aber außer den Bischöfen und einigen Geistlichen zweiten Ranges war der Zutritt verstattet. Bald indeß wurde der Leichnam von hier erhoben und Geistlichkeit und Volk trugen ihn unter Gesang und Klage nach der Kirche des Fürsten der Apostel, des heiligen Petrus, wo der ehrwürdige Sitz war. Die Nacht über brachten sie alle noch in sehr großer Anzahl unter Gebeten und Psalmensingen zu, kaum ihren Körper durch eine Erfrischung stärkend. Mit dem Morgen aber strömte die ganze Stadt zusammen, und eine große Menge von Fremden, die aus allen Theilen des Reichs durch die plötzliche Kunde erschreckt nach Köln gekommen waren; unter ihnen waren auch der Erzbischof von Trier und der Bischof von Lüttich[1]. Die Bischöfe Theoderich und Wicfrid aber, die Zeugen seines letzten Willens und seiner letzten Botschaft, die er seinen hier Gott dienenden Söhnen sandte, traten vor das Volk, und sein Testament wurde in dem ehrwürdigen Presbyterium vor dem Altar des heiligen Petrus verlesen. Vorgetragen wurde auch alles, was er in frommem und für die Angelegenheiten des Herrn besorgtem Gemüthe gebeten und geboten, aber nicht hatte niederschreiben lassen, wie z. B., daß in jenem ganzen Jahr Tag für Tag nicht weniger als ein volles Pfund Pfenninge zum Besten der Armen verwandt werden sollte.

48. Dann erging nach dem Wunsch und Verlangen seines Herzens, wovon er in den letzten Stunden seines Lebens erfüllt war, die Bitte an die heilige Geistlichkeit, zu erlauben, daß sein Leichnam nach dem Mönchskloster gebracht würde, welches er zur Ehre der heiligen Märtyrer Pantaleon, Cosmas, Damianus und Quirinus außerhalb der Mauern der

---

[1] Everaclus, auch Evercar genannt, nach einer Glosse des 11. Jahrhunderts. Er folgte von 959 bis 971 auf Baldrich.

Stadt erbaut hatte, und das er noch jetzt, wenn auch unsicht= 965
bar, mit seinem Rath und seiner Fürsorge erbaut und zu
leiten nicht aufhört, indem Gott dies Zeichen seines frommen
Willens durch die Verdienste der Heiligen verkündigt, deren
Reliquien er nach dem Kloster brachte und deren Gönnerschaft
er sich durch frommes und eifriges Gebet erwarb. Alle aber
gaben sie dem, was er angeordnet hatte, alsbald bereitwilligst
ihre Zustimmung; nur das allein fand sehr schwer Zu=
stimmung, daß sein Leichnam von dem erhabensten Ort seines
heiligen Sitzes fortgeführt werden sollte. Sie trauerten, als
ob sie dadurch noch einmal verwaist würden, aber wagten doch
auch in diesem Punkt nicht, nachdem sie lange Ueberlegung
gepflogen, seinem frommen Wunsch zu widerstreben. So
wurde also der Hirt von seinen Schafen fortgetragen, man
kann gar nicht beschreiben, unter welchen Klagen und Thränen.
Er ward aber begraben in der Kirche der seligen Märtyrer
am neunzehnten October, wo man noch heute deutlich sehen
kann, wie hoch er in Ansehen bei allen guten Menschen stand.
Nach seinem Tode erkannten Gute und Schlechte erst recht,
was für ein Mann der gewesen sei, den sie nun verloren
hatten. Sie besuchen seine Grabstätte, in aller Munde lebt,
was er gethan, was er gelehrt, wie er gelebt, wie er geendet
hat. Bald beten sie für ihn, bald bitten sie ihn, er möge
für sie beten. Der Zeichen bedürfen sie nicht, sie blicken auf
sein Leben, sie rufen sich seine Lehre ins Gedächtniß; sie
hoffen zuversichtlich, daß ihnen oder ihren Nachkommen durch
ihn noch großes Heil widerfahren werde. Durch alle Er=
innerungszeichen werden sie jetzt, nun er todt ist, wie früher
von ihm selbst, da er lebte, zum Lobe und Ruhme Gottes
angetrieben.

 49. Dies ist das Testament des in Christo ehrwürdigen
Herrn und Erzbischof Bruno: sei es gesegnet.

965 Bruno, der Diener Christi, an seine zu Köln Gott dienenden Söhne. Damit meine Gedanken und Wünsche über die Vertheilung der Güter, welche mir die göttliche Mildthätigkeit verliehen hat, durch euer Urtheil Kraft erhielten und auf euer Zeugniß sich stützen könnten, habe ich für den Fall, Gott wollte nicht, daß ich mit euch mündliche Verabredung treffen könnte, fürs Beste gehalten, schriftlich dieselben niederzulegen. Deshalb macht euch unter Anleitung unserer Brüder Theoderich und Wicfrid, die auch Söhne euerer Kirche sind, mit allem bekannt und besorgt alles mit Gottes Gnade recht und gut. Alles was von Schätzen der Kirche aus unserem Vermögen zugebracht ist — dies, so viel dessen ist, wird von Evizo, dem erlauchten Mann und Schatzmeister des heiligen Petrus, in Gewahrsam gehalten, außer dem, was etwa von den Dienern noch nicht wieder zurückerstattet ist — mögt ihr, damit es nicht scheine, als sei der Kirche das Geringste entzogen worden, unter dem Zeugniß Christi und der Kirche vor dem Altar des heiligen Petrus in Gegenwart des Herrn Popo, Vorstehers und Hausverwalters unserer Kirche, nachdem genaue Untersuchung darüber gehalten ist, niederlegen, die goldenen Gefäße aber und was sonst von bedeutenderem Werth ist, zum Dienst der heiligen Mutter Gottes Maria und dem heiligen Petrus selbst in der Kirche zu ewigem Gebrauche weihen. Einen goldenen Becher, ein Petschaft und eine griechische Schale, welche ich bei mir habe, bestimme ich für den heiligen Pantaleon; außerdem die Leuchter, welche ich in täglichem Gebrauch habe, einen silbernen Reiter, ein Geschenk des Erzbischofs von Mainz, die zehn besten Pallien, zehn silberne Gefäße von den besseren, hundert Pfund, um das Kloster zu vollenden, dreihundert zur Erweiterung der Kirche, einen größeren Vorhang, drei Tafeldecken, drei Teppiche, ebensoviele Bankdecken, dreißig Handtücher; außerdem alle unsere Stuten,

mit Ausnahme derer, welche in der Kirche selbst schon vor mir waren; von Dörfern aber, die ich für unsere Kirche erworben habe, Langalon[1] am Rhein, Werebetti, Heingelon, Libron, Wishem[2], welches von der Maas bespült wird; außerdem das Haus unseres Vetters, des Bischofs von Metz[3], und das Dorf Habingan, und dazu noch alles, was er von Gütern unserer Kirche inne hat. Auch soll zum Unterhalt der Mönche der dritte Theil der diesjährigen Früchte, welche für unsern Gebrauch bestimmt waren, gegeben werden. Ein Hospital für alte Männer soll am geeigneten Orte nach dem Gutdünken des Abts nicht weit vom Kloster errichtet werden; für dieses gebe ich mein Eigenthum in Tuitium[4], dazu Leresfelt in Sachsen, und alles was Gevehard, weiland Propst zu Bonn, an der Mosel in Besitz gehabt hat. Und damit solches mit gutem Willen unseres Herrn und Nachfolgers geschehen könne, zu unserer beider Seelenheil, möge er Ruothinge[5], welches wir der Kirche erworben haben, nach Belieben benutzen. Ein Oratorium, wie wir es dem seligen Privatus am Altar des heiligen Martinus im Westen der Kirche errichtet haben, soll dem seligen Märtyrer Gregor, dem großen, welcher erst kürzlich nach Köln gebracht ist, errichtet werden, um daselbst seinen heiligen Leib zu bestatten. Zu dieser Gründung seien hundert Pfund bestimmt. Goldene Becher, zwanzig Pfund, einen Vorhang, zwei Tafeldecken und zwei Bankdecken geben wir unsern Brüdern zu St. Petrus; an den Altar des heiligen Gereon große Krüge, zwei Pallien und einen großen Teppich, den Brüdern Schiffe[6] und zwölf Pfund, eine Tischdecke und zwei Bankdecken. Zur Vollendung des Altars vom

---

[1]) Langel unterhalb Bonn. — [2]) Wessem oberhalb Roermonde.
[3]) Theodorich (965—984) war der Sohn des Grafen Eberhard von Hamaland und der Amalrada, Schwester der Königin Mathilde.
[4]) Deutz. — [5]) Rödigen, nördlich von Jülich.
[6]) Vielleicht die häufig erwähnten Schiffchen für den Weihrauch.

965 h. Severin vier Pfund Gold; den Brüdern acht Pfund, zwei Gefäße, eine Tischdecke, zwei Bankdecken. Dem h. Kunibert zwei Schüsseln, den beiden h. Ewalds drei Pallien; den Brüdern zwei Gefäße, acht Pfund, eine Tafeldecke, zwei Bankdecken, einen Teppich. Dem h. Andreas dreißig Pfund, vier Pallien, ebensoviel Gefäße, zwei Leuchter; den Brüdern sechs Pfund. Dem heiligen Märtyrer Elifius und dem heiligen Bekenner Martinus ebensoviel, außerdem das Gut Solagon, welches durch Precarienvertrag für unsere Kirche erworben ist. Dem Altar der heiligen Maria zwei von den besseren Gefäßen; zur Vollendung des Münsters und des Klosters hundert Pfund, einen Vorhang, zwei Bankdecken, dem Altar der heiligen Cäcilia drei Pfund Gold, einen Vorhang, zwei Leuchter, zwei Gefäße, einen Teppich, zwei Bankdecken; zur Vollendung des Klosters funfzig Pfund, dem Collegium jenes Klosters zehn Pfund und eine Tafeldecke. Den heiligen Jungfrauen zwei Gefäße, zwei Leuchter, zwei Pallien, einen Vorhang, einen Teppich, zwei Bankdecken; den Nonnen zehn Pfund. Zum Altar der heiligen Märtyrer Cassius und Florentius[1] zwei Pfund Gold, die Becken, welche bei uns sind, zwei Becher, ebenso viele Pallien; den Brüdern zehn Pfund. Dem heiligen Victor[2] und dem Colleg ebensoviel. Zur Erbauung des Klosters in Sosacium[3] hundert Pfund, für den Altar sechs Gefäße, ebensoviel Pallien, einen größeren Teppich, zwei Bankdecken, eins von unseren priesterlichen Ober- und Untergewändern; ein Gut, außerdem was Wobilo von unserer Precarei geschenkt hat, ebenso das, was der Herr Popo zu Richeldinchusen und Arvite[4] für uns sehr geschickt erworben hat[5].

---

[1]) In Bonn. — [2]) In Xanten. — [3]) Soest.
[4]) Recklinghausen und Erwitte.
[5]) Es folgt noch ein Epitaph in sechs Distichen; ein anderes in sieben Distichen bei Dümmler, Otto I, S. 594.

Register.

A.

Aachen (Aquae Grani) 28. 52.
Agapit, Papst 34.
Agrippina, Köln 21; vgl. Köln.
Alpen 52.
Andreaskirche, Köln 42. 64.
Apostelkirche, Köln 60.
Arnold, Sohn Arnulfs v. Baiern 24. 25.
Arnstadt (Arnestat) 44.
Arvite, Erwitte 64.

B.

Baiern (Bauwarii) 21. 25. 26.
Baldricus, B. v. Lüttich 50.
Baldricus, B. v. Utrecht 8.
Barbaren. 7. 45.
Bibliothek 13.
Bonn (Bonna) 41; Stift der hl. Cassius und Florentius 64; Propst Gevehard 63.

C.

Cäcilienkloster, Köln 39. 64.
Cassius s. Bonn.
Christian, Abt v. St. Pantaleon 36.
Christophorus, Reliquien 39.
Cicero 10. 17.
Compendium, Compiègne 54.
Cosmas, hl. 66.

D.

Dänen 8. 51.
Damianus hl. 66.

E.

Elifius, Reliquien 39. 64.
Elsaß (Alisatium) 33.
Erzherzog (archidux) 25.
Everaclus, B. v. Lüttich 66.
Evergisil, Erzb. v. Köln 39.
Evizo, Domschatzmeister 62.
Ewaldskirche, Köln 64.

F.

Folkmar, Erzb. v. Köln 3. 59.
Franken 32.
Friedrich (Frithericus), Erzb. v. Mainz 20. 26. 47.
Fulda 34.

G.

Gallien (Lothringen) 32. 45.
Gerberga, Gem. Ludwigs IV v. Frankreich 51. 53.
Gereon, Altar 63.
Germanen 32.

Gevehard, Propst v. Bonn 63.
Godefrid, Bischof 16.
Godefrid, Herzog v. Lothr. 52.
Gregor, hl. 39. 63.
Griechen 9. 11. 12. 21.

H.

Hadamar, Abt v. Fulda 34.
Harold (Blaatand), Dänenkönig 51.
Havingan 63.
Heingelon 63.
Heinrich I, König 7—10
Heinrich, dessen Sohn 14. 21. 25. 26.
Heinrich, Erzb. v. Trier 47. 52. 60.
Horaz 24.
Hugo der Große, Herz. v. Francien, und seine Söhne 51. 54.

J.

Israel, Bischof 12.
Italien 46. 49. 52.
Judith, Herzogin 26.
Juvenal 11.

K.

Klausner 42.
Köln (Colonia, vgl. Agrippina), 15—19. 21. 28. 32. 35. 39. 42. 46. 47. 53. 58—64; Altäre, Kirchen, Klöster der hl. Andreas, Apostel, Cäcilia, Elifius, Ewalds, Gereon, Gregor, Kunibert, Maria, Martin, Petrus, Privatus, Severin.
Kunibertkirche, Köln 64.
Kuono (Cuono), Herz. v. Lothr. 14. 24. 32. 44. 45.

L.

Langalon, Langel 63.
Lateiner 11. 12.
Leresfelt 63.
Libron 63.
Liudulf, Ottos I Sohn 22—24. 26. 27. 46.
Loresham, Lorsch 14.
Lothar, König v. Frankreich 51. 53.
Lothringen (Lotharii, Lotharicum regnum) 19. 30. 32. 50. 52. 59.
Lüttich (Leodium) 49. 50.

M.

Maas (Mosa) 63.
Mährer (Marahenses) 8.
Mainz (Magontia) 20. 25. 47.
Marienkloster, Köln 42. 64.
Martinskloster, Köln 63. 64.
Mathilde, Königin 53.
Metz (Mettis) 32. 39.
Mosel (Mosella) 63.

N.

Nordmannen 8. 51.

O.

Odelrich, Erzb. v. Reims 54.
Otto I, 10. 15—17. 20 ff.
Otto II, 51—53.

P.

Pallien, kostbare Gewänder 62—64.
Pallium, erzbischöfliches 34. 35.
Pantaleonkloster, Köln 35. 36. 39. 61—63.
Patroclus, hl. 39.
Persius 11.

Peterskirche, Köln 39. 60—63.
Petri Stab und Kette 39.
Penninische Alpen 52.
Popo, Hausverwalter 62. 64.
Privatus, Reliquien 39. 63.
Prudentius 9. 20.

Q.
Quirinus, hl. 60.

R.
Rather, B. v. Verona 49. 50.
Regensburg 25.
Reims (Remi) 54.
Rhein 8. 63.
Richeldinchusen 64.
Römer 9.
Rom 34. 35. 39. 52.
Ruothinge 63.
Rutbert, Erzb. v. Trier 47.

S.
Sachsen 63.
Sallust 27. 47.
Sclaven, Slaven 8.
Scotien, Irland 12.
Severin, hl. 64.

Solagon 64.
Sosacium, Soest 64.

T.
Terenz 13. 14. 51.
Theoderich I, B. v. Metz 54. 58. 60. 62. 63.
Trier (Treveris) 33. 47.
Tuitium, Deutz 63.

U.
Ungarn (Ungri) 8. 25. 32. 44—46.
Utrecht (Trajectum) 8.

V.
Verona 49. 50.
Victor, hl. 64.
Virgil 16. 37. 41. 44. 46.

W.
Werebetti 63.
Wicfrid, Erzb. v. Köln 15. 16.
Wicfrid, B. v. Verdun 54. 60. 62.
Wilhelm, Erzb. v. Mainz 47. 52. 62.
Wishem 63.
Wodilo 64.

X.
Xanten 64.

Druck von Pöschel & Trepte in Leipzig.